物流师职业资格认证培训系列教材

物流企业运行管理

蓝仁昌 编著

中国物资出版社

图书在版编目（CIP）数据

物流企业运行管理 / 蓝仁昌编著 . —北京：中国物资出版社，2011. 9（2019. 3 重印）
（物流师职业资格认证培训系列教材）
ISBN 978 - 7 - 5047 - 3943 - 8

Ⅰ. ①物… Ⅱ. ①蓝… Ⅲ. ①物资企业—企业管理—资格考试—自学参考资料
Ⅳ. ①F253

中国版本图书馆 CIP 数据核字（2011）第 160511 号

策划编辑 张 茜　　**责任印制** 梁 凡 郭紫楠
责任编辑 张 茜　　**责任校对** 孙会香 杨小静

出版发行 中国物资出版社
社　　址 北京市丰台区南四环西路 188 号 5 区 20 楼　　**邮政编码** 100070
电　　话 010 - 52227588 转 2048/2028（发行部）　　010 - 52227588 转 321（总编室）
010 - 52227588 转 100（读者服务部）　　010 - 52227588 转 305（质检部）
网　　址 http：//www. cfpress. com. cn
经　　销 新华书店
印　　刷 北京九州迅驰传媒文化有限公司
书　　号 ISBN 978 - 7 - 5047 - 3943 - 8/F · 1567
开　　本 880mm × 1230mm 1/16　　**版　　次** 2011 年 9 月第 1 版
印　　张 12. 75　　**印　　次** 2019 年 3 月第 5 次印刷
字　　数 288 千字　　**定　　价** 35. 00 元

物流师职业资格认证培训系列教材
编写委员会

中国物流业的发展人才是关键
（代序）

《国家中长期人才发展规划纲要（2010—2020年）》（以下简称《规划》）明确指出："人才是指具有一定的专业知识或专业技能，进行创造性劳动并对社会作出贡献的人，是人力资源中能力和素质较高的劳动者。人才是我国经济社会发展的第一资源。"《规划》要求"加大重点领域急需紧缺人才开发力度""培养造就一大批具有全球战略眼光、市场开拓精神、管理创新能力和社会责任感的优秀企业家和一支高水平的企业经营管理人才队伍。"为此，要创新人才培养模式，探索并推行创新型教育方式方法。

物流业作为一个新兴的战略性产业，是国民经济的重要组成部分，涉及领域广，吸纳就业人数多，促进生产、推动消费作用大，在促进产业结构调整、转变经济发展方式和增强国民经济竞争力等方面发挥着重要作用。中国的物流业由于起步晚，在整体发展水平上和发达国家差20~30年。

影响中国物流业发展的因素很多，但物流人才的缺乏是关键性的，物流人才是稀缺资源，更是战略资源。根据美国奥尔良大学进行的全美物流业管理者教育程度的调查显示，大约92%的被调查者具有学士学位，41%的被调查者具有硕士学位，22%的被调查者具有从业资格证书，中国的差距太大了。所以我们一定要从战略高度来重视物流人才的培养。

著名管理大师彼得·德鲁克1962年这样描述过："我们今天对物流的了解并不比拿破仑时代的人所了解的非洲大陆多，我们知道物流存在着，而且规模很巨大，但仅此而已。虽然在物流的各专业领域有很多专家，如运输和仓储、制造和保险领域，但最近当政府主管部门寻求两三位专家对物流发展做些切实的建议时，在咨询到的产业界、政府界，甚至大学中却找不到一位真正合适的人选。"中国已经迈过了这一时期，2001年，中国物流与采购联合会在华中科技大学召开高等院校物流教学研讨会，我提出了启动中国物流人才教育工程的设想，分三个层次推进。一是学历教育。在教育部的支持下，到2010年年底，已有410所大学、224所高职院校和2000多所中专，开设了物流管理或物流工程专业，在校学生超过100万。二是物流从业人员的在职教育，特别是大专以上人员的继续教育，主要开展高级物流师、物流师与助理物流师的培训。到2010年年底，参加培训的人数已超过20万，有12万人取得合格证书。三是物流员的岗前培训。

在物流在职人员的培训中，要把物流管理人才的培训作为重点。我认为物流管理人才的培训分三个层次：

（1）培养造就优秀物流企业家。围绕发展具有国际竞争力的大型物流企业集团的目标，加快培养一批职业化、现代化、国际化的物流企业家。以创新精神、创业能力和经营管理水平为核心，大力提高物流企业家素质。

（2）建设一支物流职业经理人队伍。党中央与国务院要求，“全面推进职业资格证书制度，加强职业资格的统一管理”“建立社会化的职业经理人资质评价制度，加强规范化管理”。

（3）培训量大、面广的物流专业管理人员，如交通运输、仓储、包装、港口、海关、配送中心、物流中心、分拨中心、物流园区、物流信息平台等不同的专业物流管理人才与专业物流工程人才。

物流师职业资格证书培训教育是物流管理人才培训的主要途径。为了抓好物流师职业资格证书教育，中国物流与采购联合会在有关政府部门的指导下，组织制定了物流师国家标准，编写了教材，在全国布点，开展了物流师培训。从2010年起，根据物流业发展的新形式、新情况、新特点，我们全面更新了教材，突出操作技能与专业能力，物流员培训模块为《货物运输实务》或《仓储与配送实务》；助理物流师培训模块为《货物运输实务》《仓储与配送实务》；物流师培训模块为《销售物流管理》《物流企业运行管理》《生产物流管理》；高级物流师培训模块为《物流战略》《供应链管理》。我们希望这一工作得到全国物流界、教育界、企业界、新闻界与政府部门的大力支持，希望有志于物流人才教育工程的单位加盟这一事业，把物流师职业资格证书教育健康、规范、有序地向前推进，为中国物流业的发展作出新贡献。

丁俊发

2011年8月1日

目 录

单元1 物流企业管理概述

单元2 物流服务类型

单元3 物流项目开发

单元4 物流网络选址

单元5 车辆管理

单元6 物流服务管理

单元7　物流企业财务管理

单元8　物流信息化

单元9　物流标准与法律法规

单元1 物流企业管理概述 | 单元2 物流服务类型 | 单元3 物流项目开发 | 单元4 物流网络选址 | 单元5 车辆管理

单元6 物流服务管理 | 单元7 物流企业财务管理 | 单元8 物流信息化 | 单元9 物流标准与法律法规

单元 1　物流企业管理概述

学习目标

1. 掌握物流企业的定义、类型；
2. 掌握各类型物流企业的作业类型；
3. 掌握物流企业的经营模式；
4. 掌握物流业务管理的内容；
5. 掌握物流人力资源规划的内容；
6. 掌握物流信息化工具；
7. 掌握第三方物流的定义及特点；
8. 掌握第三方物流的优势及发展局限。

1.1 本书各单元主要内容

本书主要围绕物流企业如何运行管理来展开，重点介绍物流企业管理的相关概念、物流企业服务类型、进行物流项目开发的方法、物流网络选址要考虑的因素及方法、车辆管理、物流服务管理的内容及处理客户投诉的方法、物流企业财务管理、物流信息化及相关的物流标准和法律法规。

本书将主体内容分为九个单元，各单元主要内容如下：

单元1：物流企业管理概述。首先介绍了物流企业的相关概念，其次分析了物流企业运营的风险，然后对物流企业信息化管理的特征、原则和工具做了详细的阐述，最后对第三方物流的管理特点、发展优势及制约因素进行了具体描述。

单元2：物流服务类型。本单元结合案例重点介绍了仓储服务、运输服务、综合服务、国际货代服务、仓单质押融资及项目物流六种物流服务类型的相关理论及服务模式。

单元3：物流项目开发。本单元按照物流项目开发的顺序，首先介绍了物流客户开发的途径，各种开发途径的对比和选择；其次介绍了物流投标的制作，对客户需求调研的流程做了详细的介绍；最后介绍了方案设计的方法和步骤。

单元4：物流网络选址。本单元结合案例介绍了物流网络布局的相关概念，然后分析了物流网络选址的重要因素并进一步对物流网络选址流程作了详细的介绍，最后结合一个物流网络选址案例增强对物流网络选址的理解。

单元5：车辆管理。本单元首先介绍了配送车辆的选型及数量确定；其次进行了详细的车辆成本分析；然后结合物流成本选择合适的车辆运营模式；最后介绍了车辆绩效考核的方法。

单元6：物流服务管理。本单元首先介绍了物流服务的相关概念，然后对物流服务质量和客户信息管理的内容做了详细地阐述，最后介绍了客户投诉的处理方法。

单元7：物流企业财务管理。本单元首先介绍了传统物流成本核算和作业物流成本核算两种成本核算方法；其次介绍了物流企业收入的组成及核算方法；再次，阐述了物流企业利润核算的方法；最后利用资产负债表、利润表、现金流量表三种指标对物流企业绩效进行评价。

单元8：物流信息化。本单元首先对物流信息系统做了简单的介绍；然后重点介绍了物流信息系统开发的流程、预算和成功关键；最后对物流信息系统选购做了阐述。

单元9：物流标准与法律法规。本单元主要介绍了两部分的内容：物流标准化和物流法律法规。其中物流标准化部分介绍的是物流标准的内容及重要意义；物流法律法规部分，主要是对与物流相关的仓储、装卸搬运、运输及国际货代相关的法律法规进行了简单的介绍。

1.2 物流企业概念

1.2.1 物流企业定义

根据国家标准《物流术语》（GB/T 18354—2006）的定义，物流企业（Logistics Enterprise）是从事物流基本功能范围内的物流业务设计及系统运作，具有与自身业务相适应的信息管理系统，实行独立核算、独立承担民事责任的经济组织。换言之，物流企业是指具有运输、存储、装卸、搬运、包装、流通加工、配送、信息处理等两种以上功能，能按照客户需求进行多功能及一体化运作的组织和管理，并具有与自身业务相适应的信息管理系统，实行独立核算、独立承担民事责任的经济组织。从上述定义中可知物流企业具有以下几个特征：

- 物流企业是组成物流产业的细胞，主要为生产企业服务，也为人民生活服务。
- 物流企业作为一个经济实体，为维系其生存和发展，具有自身的利益驱动机制，也具有健全机能和旺盛生命力。
- 物流企业是在市场经济条件下，平等参与竞争，享有合法权益的法人。

1.2.2 物流企业分类

按照2005年3月24日由国家质量监督检验检疫总局和国家标准化管理委员会批准发

布，5 月 1 日起实施的国家标准《物流企业分类与评估指标》（GB/T 19680—2005），物流企业分为以下三个类型：

（1）运输型物流企业

运输型物流企业应同时符合以下要求：

■ 以从事货物运输业务为主，包括货物快递服务和运输代理服务，具备一定规模。

■ 可以提供门到门运输、门到站运输、站到门运输、站到站运输服务和其他物流服务。

■ 企业自有一定数量的运输设备。

■ 具备网络化信息服务功能，应用信息系统可对运输货场进行状态查询、监控。

■ 按照客户要求，组织物流功能的延伸服务。

（2）仓储型物流企业

仓储型物流企业应同时符合以下要求：

■ 以从事仓储业务为主，为客户提供货物储存、保管、中转等仓储服务，具备一定规模。

■ 企业能为客户提供配送服务以及商品经销、流通加工等其他服务。

■ 企业自有一定规模的仓储设施、设备，自有或租用必要的货运车辆。

■ 具备网络化信息服务功能，应用信息系统可对货物进行状态查询、监控。

（3）综合服务型物流企业

综合服务型物流企业应同时符合以下要求：

■ 从事多种物流服务业务，可以为客户提供运输、货运代理、仓储、配送等多种物流服务，具备一定规模。

■ 根据客户需求，为客户制订整合物流资源的运作方案，为客户提供契约性的综合物流服务。

■ 根据业务需要，企业自有或租用必要的运输设备、仓储设施及设备。

■ 企业具有一定运营范围的货物集散、分拨网络。

■ 企业配置专门的机构和人员，建立完备的客户服务体系，能及时、有效地提供客户服务。

■ 具备网络化信息服务功能，应用信息系统可对物流服务全过程进行状态查询和监控。

1.3 物流企业经营模式类型

物流企业的经营模式是企业应用物流功能要素进行生产经营并获得收益的业务运作方式，是企业获取收益的基础，同时也是企业核心竞争力的体现。它与企业本身的资源类型、服务范围和服务内容息息相关。

1. 资产类型与非资产类型

根据物流企业拥有资产多寡，物流企业经营模式可分为资产型与非资产型。资产型物流企业拥有仓库、车辆等固定资产，资产类型决定物流企业通过何种方式为客户提供物流服务。

2. 单一行业型与多行业型

根据物流企业服务范围大小，物流企业经营模式可分为单一行业型与多行业型。有些物流公司的服务范围比较广，家电、食品、服装、建材等都是其服务的行业；而有的物流公司服务范围较窄，如只为家电或者食品等某一个或相关的几个行业提供物流服务，这样更有利于物流企业发挥自身的特长，提升核心竞争力。

3. 低集成型与高集成型

根据物流企业服务内容不同，物流企业经营模式可分为低集成型与高集成型。集成度较低的物流企业可以提供运输、仓储、配送等物流功能的一项或者几项物流服务。集成度较高的物流企业可以为客户提供物流资源整合、物流系统设计等物流服务。

1.4 物流企业运营风险管理

1.4.1 业务风险

前面小节介绍了物流企业的分类，从资产角度看，物流企业可以分为资产型物流企业和非资产型物流企业。不管是哪种类型的物流企业，在货品流通的过程中涉及的人、设备、货品等都会遇到一定的风险，但是这些风险是可以控制并消除的。下面分别对仓储货品风险、人员风险、车辆风险进行介绍。

（1）仓储货品风险

货品大量储存在仓库中，不但需要大量的空间资源，而且占用大量的流动资金，这会给企业造成很大的机会损失，带来经济风险。防范该风险的有效措施是制定合理的库存控制模式，将库存量保持在合理的范围内。除此以外，最让管理者头疼的是货损问题。货损是由两方面造成的，第一，在货品静止存放在仓库的情况下，因光线、空气湿度、虫害、鼠害、火灾、水灾等原因造成的货物损害风险；第二，货物在搬运过程中，因为碰撞、跌落等造成的损坏风险。

■ 静止存放的风险

物流中心如果是用天窗进行自然采光，一般在设计的时候会考虑光照强度对货品的影响。受光照影响比较明显的货品有化工原料、纺织面料等，例如，皮革制品、橡胶制品等会因为光照而加速老化，这些货品在储存时需要避光或加毡盖。

容易受虫害影响的一般是有机货品，如粮食、药材、纺织品、麻制品、竹木制品、纸张、生毛皮木材、食品等，甚至木托盘本身也会受到虫害的影响。对于此类货品，在入库时就需要进行虫害检验，建立定期杀虫杀毒的制度。根据货品的特性，可以采取胃毒、触杀、熏蒸等不同的方式。

对于容易受潮变质的货品，如皮革制品等，储存时需要对仓库进行通风，也可以通过使用干燥剂或者除湿剂等进行湿度控制。对于易受鼠害的货品，如食品类，需要做好灭鼠的工作。在仓库设计规划时，就需要谨慎选择地理位置，避免遭受水灾危害。另外，仓库需要配备消防设施，如喷淋设备或干粉灭火器等，如图 1－1 所示的仓库设置就可以达到防鼠、防火的目的。

图 1－1　仓库防鼠及喷淋设备

■ 装卸搬运过程的风险

装卸搬运过程是产生货损最多的物流环节。装卸搬运可分为装卸和搬运两个部分。对于装卸部分，首先是要杜绝野蛮装卸，这就需要对现场作业人员进行培训，作业过程要求轻拿轻放。在叉车入库上货架作业过程中，需要将托盘对准货架前后的横梁，防止托盘从货架上坠落。现场作业人员要可以熟练操作装卸设备，了解其性能，例如采用驶入式货架，则托盘坠落的风险会很大，叉车操作时需更加小心。

对于搬运过程中造成的货损（如图1－2（a）所示），防范措施是严格控制叉车的车速，过快的车速会导致车辆转弯或急停、急开过程中货物跌落。另外，为防止货物倾倒可以对托盘货物进行收缩膜加固，或者选择合适的栈板堆叠方法，例如，旋转交错式堆叠法可以有效防止因货物倾倒或者挤压造成的货损（如图1－2（b）所示）。

（a）货物倾倒造成的货损

（b）因挤压造成的货损

图1－2　装卸过程中的货损

（2）人员风险

人员风险主要是指仓储货物和仓储设备对人身的健康造成危害的风险，人员风险可以分为两类：一类是货品对人身的危害；另一类是设备对人造成的危害。

化工类原料常常是有毒有害的货品，对人体能造成巨大危害，所以在仓储过程中需要有特别的防护措施。例如，货品需要存放在专门的容器中，仓库需要保持良好的通风，现场作业的员工如有必要需佩戴防护面具或者穿上防护服装（如图1－3所示），为了防止危险品泄漏需要制定完备的应急预案并配置相应的技术设备。

图1－3　作业人员防护

设备对人造成的伤害最常见的是叉车事故，这类事故一般是叉车作业人员或者现场作业人员的麻痹大意造成的，所以，企业需制定详细的操作手册来规范叉车的运作。例如限制叉车车速，尤其在叉车拐弯处。叉车上需配置必要的安全设施，如反照镜、喇叭等，叉车需定期进行维护防止叉车制动系统出现故障，货架旁设置防撞护栏，月台边缘设置凸边防止叉车坠落。同时要加强对现场作业人员的培训。例如，需保持与叉车的距离，在库内作业要走专门的人行通道，尽量避免与叉车路线冲突。除了叉车对人的危害之外，如果是高层货架，还需要预防货物高空坠落的危险，如有必要可配置安全帽。

（3）车辆风险

物流公司在实际运作过程中，存在着各种各样的经营风险，其中，运营车辆的风险是最大，也是最不容易控制的一种。车辆的风险可以分为安全事故风险和经营成本风险两类。

经营风险主要是成本控制的风险，该风险可以通过财务管理的方法进行控制。

安全事故风险又可分为三类，其一为交通事故，常见的有撞车、追尾、翻车、坠河等；其二为装卸车事故，常见的防护栏损坏、上下甲板掉落等；其三还包括驾驶员途中发生急病、车辆失火、大雪封山等。其中，又以交通事故造成的危害最为严重，交通事故的原因一般有司机驾驶技术有待加强、司机疲劳驾驶、司机驾车时违反交通法规、路面状况不良、天气状况恶劣、车辆状况不佳、车辆超限装载等，如图 1－4 所示。

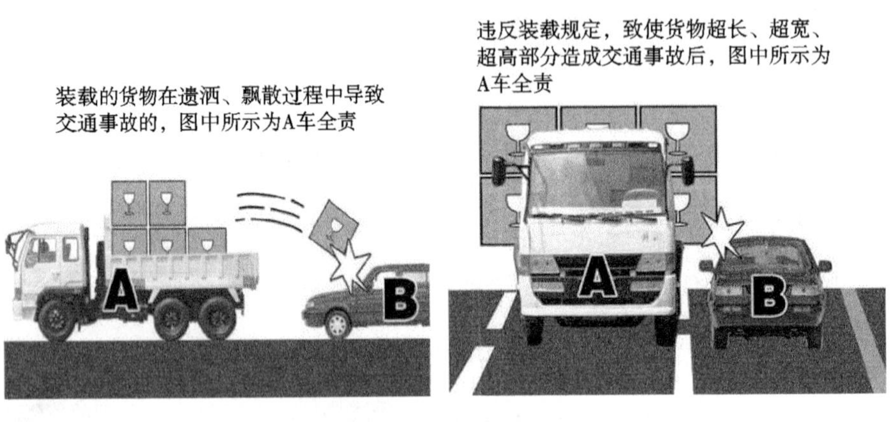

图 1－4　车辆装载风险

违反装载规定，致使货物超长、超宽、超高部分造成交通事故后，图 1－4 所示为 A 车全责，下面我们通过几个案例了解常见的车辆事故及其应对方法。

案例 1

疲劳驾驶的危害

事件经过：某运输公司货运车满载货物由福州开往上海，途经福建某段高速公路桥时，车辆突然失控，撞断桥边护栏后坠入河中（桥高 12 米），2 名司机重伤，货运车及车上价值 300 万元的货品全部报废。经调查，事故原因为司机长时间疲劳驾驶未休息，以致开车时打盹，失去对车辆的控制。

对策措施：

■ 严把司机聘用关。由于目前国内驾驶证管理混乱，物流企业聘用司机时，应执行严格的审核及培训程序。

■ 疲劳驾驶是交通事故发生的最主要原因，因此，物流企业应有针对性的做好预防工作，如安排 2 名司机轮换开车，每天限定行驶里程等措施，均可以有效地减小此类事故发生的概率。

■ 资金较充足的物流企业，可以在货运车内安装 GPS 卫星定位系统，以监控车辆行车的速度、路线，这样可以有效地减少因司机超速行驶或逃避收费而引起的事故。

■ 物流企业应对货运司机定期进行交通法规培训，并对发现的违反交通法规的人员予以严厉惩处，以减少此类交通事故的发生。

案例 2

违章操作的危害

事件经过：2004 年大年初一凌晨 2 时左右，一辆半挂货运车行驶在上海外环高架上，此时，车上一块挡板掉落，司机发现后，掉头寻找，其后一辆高速行驶的轿车刹车不及，撞在了货车车厢上。该违反交通法规的行为造成轿车上 2 名乘员当场死亡，货运车司机也因交通肇事罪被判处有期徒刑。

对策措施：

■ 加强员工培训，避免司机违规操作。

■ 车辆设施损坏需及时维护。

案例 3

违章操作的危害

事件经过：某运输公司装载场地，一辆双层货运车上层货品装满后，在甲板升高过程中，装运人员违反规定，进入货箱内部，此时甲板液压泵突然爆裂，甲板急剧下降，砸中该装运人员头部，导致其当场死亡，肇事车辆如图 1－5 所示。

图 1－5 肇事车辆

对策措施：

■ 建立完善的安全制度，加强货品装卸规范程序的培训，杜绝违规操作的发生。

■ 加强车辆设备的维护工作，尤其是防护挡板、液压升降系统等安全设备的维护保养。

1.4.2 管理风险

物流企业管理风险包括资信能力风险、管理能力风险和合同责任风险。

1. 资信能力风险

由于非资产型物流企业本身不拥有或少量拥有固定资产，因此，其在企业资信能力方面比资产型物流企业要差得多，对抗外部风险的能力也就差得多。

2. 管理能力风险

非资产型物流企业依赖的是通过自身良好的管理能力为客户提供优良的物流服务来获取竞争优势，但是资产型物流企业通过自身改造也可以获得这种优势，当资产型物流企业的管理能力提升后，非资产型物流企业的这种核心竞争力就会随之消失。

3. 合同责任风险

合同责任风险是指物流企业同客户、分包商及信息服务提供商签订合同所带来的相关风险。

（1）与分包商合同责任风险

由于物流企业受到自身服务范围或者其他因素的限制，经常需要将部分物流业务分包给其他物流企业。在物流运作过程中，如果客户出现损失，那么不论是物流企业本身还是分包商都要承担赔偿责任，但赔偿主体是物流企业而非分包商，只有在物流企业对客户赔偿结束之后，才能对分包商索要相关赔偿。同时，由于物流企业与客户之间和与分包商之间的合同是不同的，其诉讼时效、豁免条款等也是不同的，因此经常导致物流企业无法获得全额赔偿。

（2）与客户合同责任风险

物流企业与客户签订合同时，要注意合同中霸王条款的内容，特别是在面对大客户时，物流企业经常迫于商业上的压力而接受一些非常苛刻的条款。在出现物流纠纷时，后果不堪设想。

（3）与信息服务提供商的合同风险

该类风险主要包括两种，一是信息系统故障风险，由于信息系统故障导致物流企业无法正常运转造成客户抱怨甚至丢失的风险，也会因为信息系统故障导致出入库记录出错，出现与上游供应商或者下游客户纠纷的现象；二是商业机密风险，由于物流企业的相关数据都记录在信息系统中，如果处理不好同信息服务提供商关于商业机密的合同约定，很容易造成企业商业机密信息的丢失，给企业经营带来风险。

1.5 物流企业人力资源管理

人力资源管理是指为完成企业管理工作和总体目标，影响员工的行为、态度和绩效的各种企业管理政策、实践及制度安排，是对企业的人力资源规划、招聘、培养、使用及组织等各项管理工作的总称。

对于物流企业来说，人力资源管理包括以下几个方面的内容：

（1）人力资源规划

是指物流企业从战略规划和发展目标出发，根据其内外部环境的变化，预测未来发展对人力资源的需求，以及为满足这种需求提供人力资源的活动过程。总之，人力资源规划是为了解决企业人力资源供需平衡的问题。它包括以下几个方面：

■ 人才规划。

■ 人力资源管理制度。

■ 职务编制。

■ 薪酬规划与奖惩制度。

■ 人员考核制度。

■ 员工培训。

人力资源规划主要包括三个步骤：组织结构设计——工作设计——用人设计。

■ 组织结构设计：确定整个组织有哪些角色。

■ 工作设计：确定这些角色需要什么样的人来担当。

■ 用人设计：确定通过何种途径获得担当这些角色的人才。

（2）岗位设置与岗位职责规划

物流企业在确定组织结构之后，要对各个岗位进行规划，包括数量规划、职责规划等。对于物流企业来说，其基本的岗位包括以下几个：

■ 仓储作业人员。

■ 运输作业人员。

■ 配送作业人员。

■ 业务支持人员。

■ 信息管理人员。

■ 组织管理人员。

（3）员工招聘和培训

■ 员工招聘途径

物流企业做完人力资源规划之后，要对相关岗位进行员工招聘，其途径包括：

- 企业内部招聘。
- 就业机构招聘。
- 劳动部门招聘。
- 人力资源中心招聘。
- 人才网站招聘。
- 劳务市场招聘。
- 教育、培训机构招聘。
- 院校招聘。

■ 员工招聘流程

员工招聘首先要根据人力资源计划制订招聘计划，然后实施招聘活动，进而对应聘人员进行筛选、录用，最后对整个招聘进行评价，具体流程如图1－6所示。

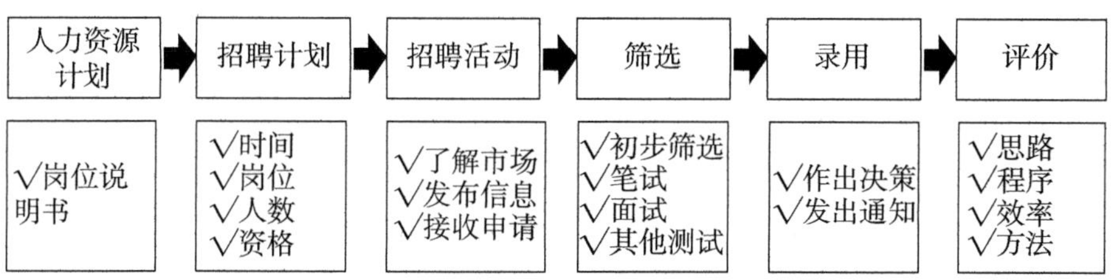

图1－6　招聘流程

■ 员工培训

在完成新员工招聘后，要对新员工进行培训，目的是为了促使员工更好地做好自己的本职工作，同时也是对员工自身缺陷的弥补，有利于企业文化的形成。

新员工培训的内容包括以下几个部分：

- 企业文化培训。
- 企业考勤制度培训。
- 专业知识培训。
- 其他相关知识培训。

（4）员工福利薪酬和晋升制度

对于物流企业来说，员工福利薪酬的设计要满足公平、合理和激励三种条件，同时也要考虑到自身的经营模式、赢利水平和市场人力成本的状况。一般情况下薪酬的设计包括底薪制和佣金制两种方式，如下表所示。

底薪制和佣金制特点比较

比较项目	底薪制度	佣金制度
薪酬组成	薪酬 = 底薪 + 红利/业务竞争奖金	薪酬 = 完成的业务量/价值 × 提成率
特点	• 员工能预先知道自己的收入，雇主的人事费用固定且可预测 • 底薪制可鼓励员工开发长期客户，提高服务质量 • 指派员工任务时，争论的情形较少，而且有较高的忠诚度	• 员工受到的奖励最大 • 员工只重视眼前较容易完成的工作量及数量大的项目，常常忽略较难完成或者产量较少的任务，如送货员往往只愿意完成路程较近或者送货量较大的订单 • 不同员工的收入可能会有较大差距，从而会产生不公平的感觉 • 员工的收入随着业务量的变动而有较大的波动
使用场合	以常规固定作业为主的工作	以销售、发展业务为主的工作

员工晋升制度一方面是为有能力、有技术的人才提供施展才华的平台；另一方面也是激励员工的一种有效的途径。配送中心常见的员工晋升途径有两条：管理路径和技术路径。

1.6 物流企业信息化管理

1.6.1 物流企业信息化管理特征

物流企业信息化管理是指物流企业通过各种物流信息技术实现物流业务的信息化管理。因此，物流企业的信息化管理具有以下几个特征：

①物流操作信息化，通过机械化、智能化的物流设备来实现物流信息化操作，提高物流作业效率，减少物流出错率；

②物流管理信息化，物流管理是一个复杂的过程，从企业接到订单到货物送至客户，需要经过多个环节，任何一个环节出错，将导致物流服务质量的下降，而物流管理信息化是通过将各个作业环节用信息化串联起来，提高整体运营效率；

③物流决策信息化，物流信息化的结果就是将各种物流信息整合，为物流管理提供物流决策依据；

④物流协同作业信息化，物流企业进行信息化管理可以将物流企业同上下游的客户连接起来，共享彼此的物流信息，提高协同作业效率。

1.6.2 物流企业信息化原则

物流企业信息化建设的最终目的是为了帮助物流企业解决现有问题，提升物流企业的竞争力，因此物流企业的信息化建设不能违背这个基本要求。物流企业信息化原则包括以下几个部分：

（1）围绕信息化的目标进行

物流企业在进行信息化建设时，要始终围绕事先制定的信息化目标进行，不能脱离这个目标而盲目的追求物流信息的先进性，或者为了节省资金而降低信息化的功能。

（2）注重效益原则

物流企业信息化本身就是为了提高自身竞争力，获取更高的效益，因此物流企业在进行信息化的同时，要注意自身效益的实现，不仅包括短期效益，还要包括企业长期效益和社会效益。

（3）注重成本原则

物流企业进行信息化时，要注意合理的控制物流信息化项目成本，避免因项目成本不断增加导致项目的失败。

（4）整体与局部原则

物流企业在实施信息化时，要以整体效益为目标。在物流管理过程中，存在许多的效益背反问题，在遇到这些问题时，要优先考虑整体效益。同时，物流整体目标是各个局部目标的集合，因此，做好整体目标与局部目标的协调，是物流企业进行信息化建设的关键。

1.6.3 物流企业信息化工具

相对于制造业企业的信息化，物流企业信息化要相对简单得多，一般物流企业信息化的工具包括以下几个内容：

（1）条码（Barcode）

条码是由一组规则排列的条、空以及对应字符组成的标记，如图1－7所示，“条”指对光线反射率较低的部分；“空”指对光线反射率较高的部分，这些条和空组成的数据表达一定的信息，并能够用特定的设备识读，转换成与计算机兼容的二进制和十进制信息。

条码技术是实现物流行业自动化管理的有力武器，有助于进货、销售、仓储管理一体化，是实现物流电子数据交换、节约资源的基础，是及时沟通产、供、销的纽带和桥梁。

图1-7 条码图例

（2）射频识别（Radio Frequency Identification，RFID）技术

射频识别技术是一项利用射频信号通过空间耦合（交变磁场或电磁场）实现无接触信息传递并通过所传递的信息达到识别目的的技术。

射频识别设备（如图1-8所示）一般包括：信号发射机、信号接收机和发射接收天线。同条码相比，射频识别技术更加先进，实现的功能也更加广泛，具体区别如下：

■ 有无写入信息或更新内存的能力。

■ 条码的内存不能更改。

■ 射频标签不像条码，它特有的辨识器不能被复制。

■ 标签的作用不仅仅局限于视野之内，因为信息是由无线电波传输。而条码必须在视野之内。

■ 由于条码成本较低，有完善的标准体系，已在全球广泛应用，所以已经被普遍接受，从总体来看，射频识别技术的应用只局限在有限的市场份额之内。

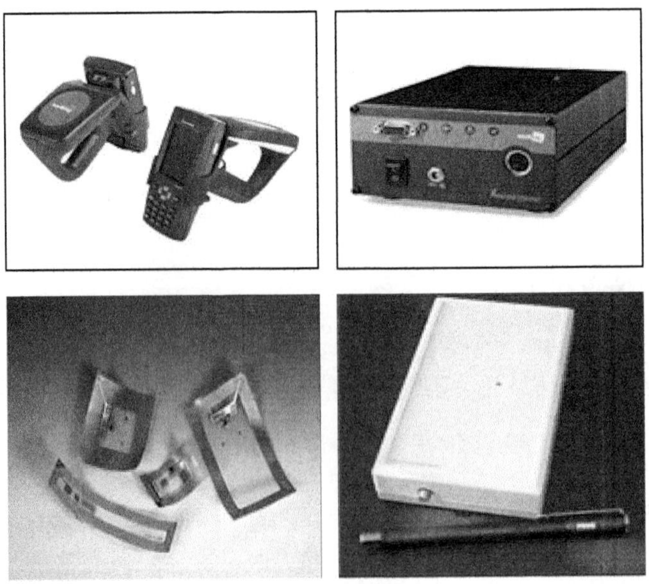

图1-8 RFID设备

（3）电子数据交换（Electronic Data Interchange，EDI）技术

电子数据交换技术在物流中的应用是指货主、承运业主以及其他相关单位之间，通过系统进行物流数据交换，并以此为基础实施物流作业活动的方法。

电子数据交换技术的工作原理如下：

- 发送方从自己的信息系统数据库中提取出需要的信息，转换成平面文件。
- 将平面文件翻译成为标准 EDI 报文，并组成 EDI 信件。
- 接收方从 EDI 信箱中收取信件。
- 将信件拆开并翻译成为平面文件，将平面文件转换并导入接收方信息系统中。

（4）地理信息系统（Geographical Information System，GIS）技术

地理信息系统是多种学科交叉的产物，它以地理空间数据为基础，采用地理模型分析方法，适时地提供多种空间和动态的地理信息，是一种为地理研究和地理决策服务的计算机技术系统，它由硬件、软件、数据、人员和方法五个部分组成，其工作原理示意如图 1－9 所示。

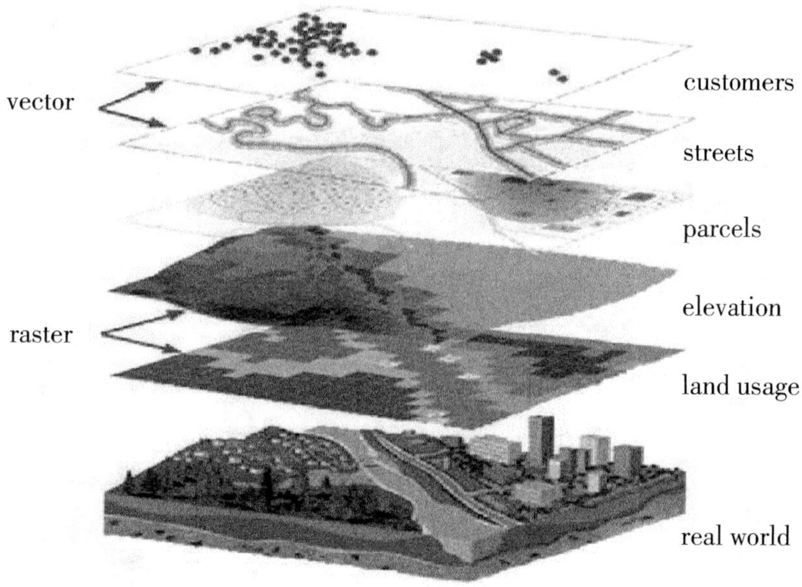

图 1－9　GIS 工作原理示意

（5）全球定位系统（Global Positioning System，GPS）技术

全球定位系统是利用导航卫星进行测时和测距，使在地球上任何地方的用户都能计算出自己所处的方位。GPS 在物流系统中主要应用于对船舶、车辆的实时定位，它的工作原

理如图 1 - 10 所示。

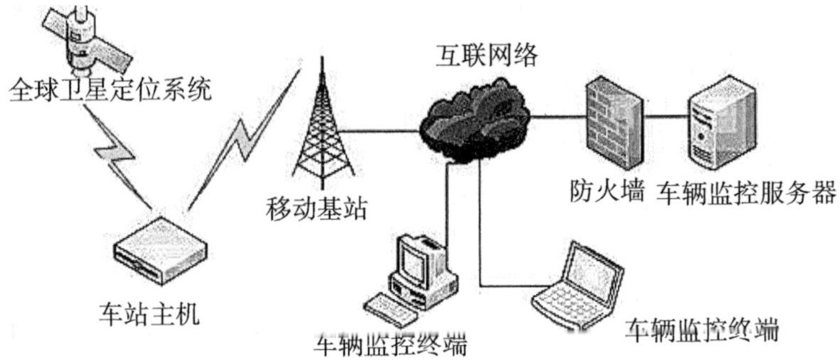

图 1 - 10　GPS 工作原理

（6）仓储管理系统（Warehouse Management System，WMS）技术

仓储管理系统是用来管理仓库内商品信息的软件系统，它的功能是打印单据，商品信息数据管理，对货品进行实时动态管理，为用户制订生产和销售计划、及时调整市场策略等提供持续、综合的参考信息。它的硬件架构如图 1 - 11 所示。

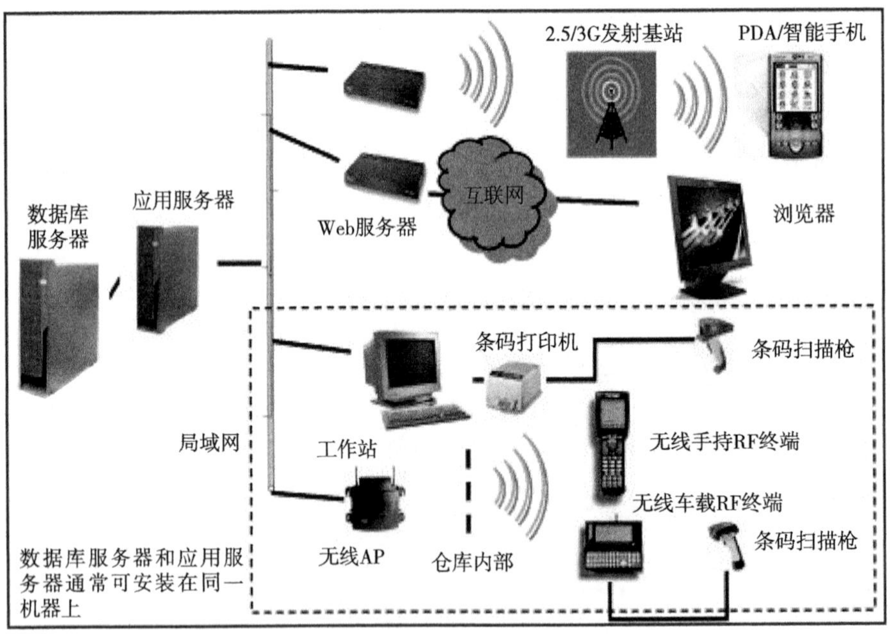

图 1 - 11　WMS 硬件架构

仓储管理系统作用如下：

- 无纸化的操作，减少纸张的开销。
- 条码识别的准确性高，减少人为的错误输入。
- 提高库存信息的准确度。

■ 物流流程快速、高效。

■ 有效利用库存空间，降低营运成本。

■ 利用各种当前和历史实务的统计报表为决策者提供准确、有用的信息。

■ 数据交换接口的连通，增强企业现有应用系统的管理等。

（7）运输管理系统（Transportation Management System，TMS）技术

运输管理系统（TMS）的特点包括：运输管理系统网络化，具有功能强大的跟踪服务平台，集成 GPS/GIS 系统等。该系统模块主要包括：系统管理，基本信息管理，货运业务管理，费用管理，查询统计等。它的架构如图 1－12 所示。

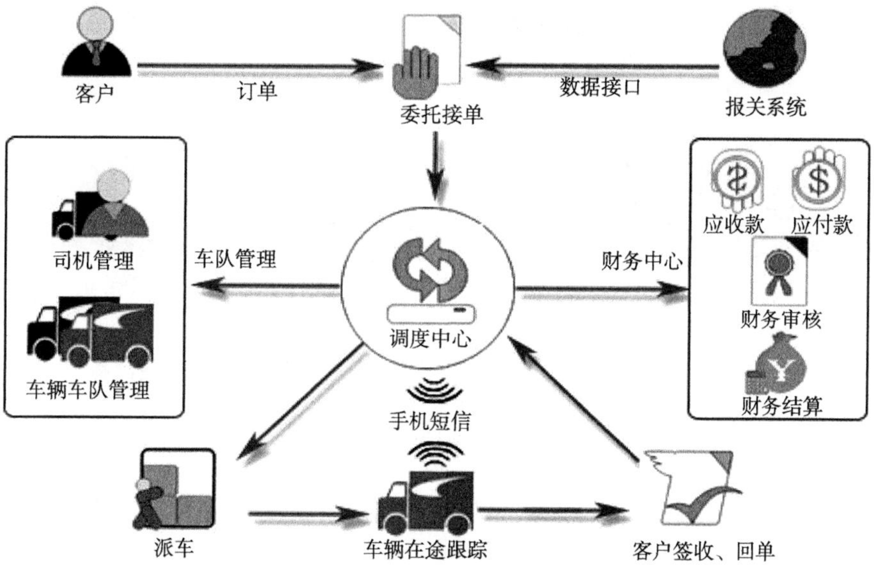

图 1－12　TMS 架构

（8）电子辅助标签拣货系统（Computer Aided Picking System，CAPS）技术

电子辅助标签拣货系统分为 DPS 摘取式拣货系统和 DAS 播种式拣货系统两种。CAPS 系统如图 1－13 所示、图 1－14 和图 1－15 所示分别为 DPS、DAS 的拣货图例。CAPS 系统具有以下两个特点：

■ CAPS 是采用先进电子技术和通信技术开发而成的物流辅助作业系统，通常使用在现代物流中心货物分拣环节，是一种先进的作业手段，与仓储管理系统或其他物流管理系统配合使用效率更高。

■ 是一种无纸化操作的辅助拣货系统，具有效率高、差错率低的作业特点。

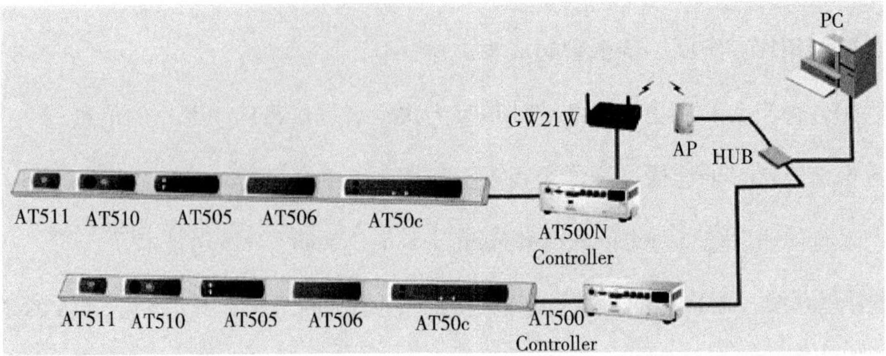

图 1-13 CAPS 系统

图 1-14 DPS 拣货图例

图 1-15 DAS 拣货图例

（9）无线射频（Radio Frequency，RF）技术

无线射频技术是以无线信道作为传输媒介，建网迅速，通信灵活，可以为用户提供快捷、方便、实时的网络连接，是实现移动通信的关键技术之一。RF 硬件及系统构架如图 1-16 和图 1-17 所示。

另外，RF 技术与 RFID 技术是有区别的，主要表现在：RF 技术读取的依然是条码，

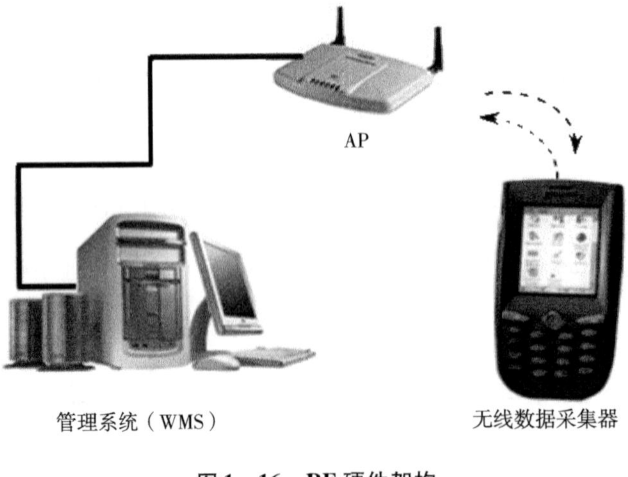

图 1-16 RF 硬件架构

也就是说 RF 技术依然是在条码的基础上建立起来的；而 RFID 技术则是完全不同的，它的核心部分是 RFID 的芯片，它是类似于条码的一种信息存储设备，但功能比条码更加强大。

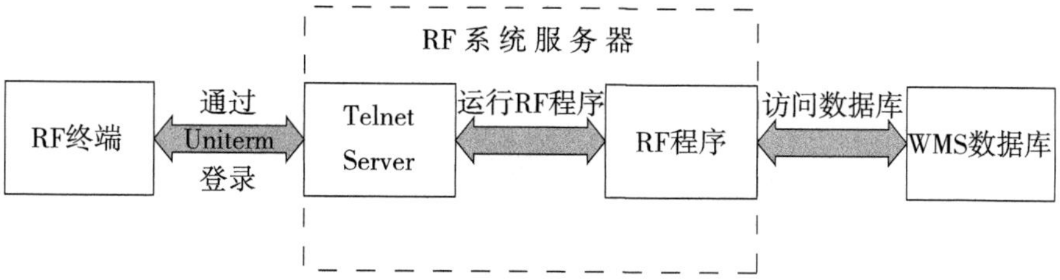

图 1－17　RF 系统架构

1.7　第三方物流

1.7.1　概念

第三方物流，英文表达为“Third－Party Logistics”，简称 3PL，也简称 TPL，是相对“第一方”发货人和“第二方”收货人而言的。国家标准《物流术语》（GB/T 18354—2006）定义“第三方物流是指独立于供需双方，为客户提供专项或全面的物流系统设计或系统运营的物流服务模式。”也可以说第三方物流是生产经营企业为集中企业资源搞好主业，把原来要由自己处理的物流活动以合同方式委托给专业物流服务企业，同时通过信息系统与物流企业保持密切联系，以达到对物流全程管理控制的一种物流运作与管理方式，是物流专业化的一种形式。

常见的 3PL 服务包括设计物流系统、EDI 能力、报表管理、货物集运、选择承运人、货代人、海关代理、信息管理、仓储、咨询、运费支付、运费谈判等。由于服务业的方式一般是与企业签订一定期限的物流服务合同，所以有人称第三方物流为“合同契约物流(Contract Logistics)”。

第三方物流内部的构成一般可分为两类：资产基础供应商和非资产基础供应商。对于资产基础供应商而言，他们有自己的运输工具和仓库，他们通常实实在在的进行物流操作。而非资产基础供应商则是管理公司，不拥有或租赁资产，他们提供人力资源和先进的物流管理系统，专业管理顾客的物流功能。广义的第三方物流可定义为两者的结合。

1.7.2 第三方物流管理的特点

从物流业的发展状况及服务流程（如图 1 – 18 所示）来看，第三方物流已经逐渐形成了鲜明特点，主要表现在以下五个方面：

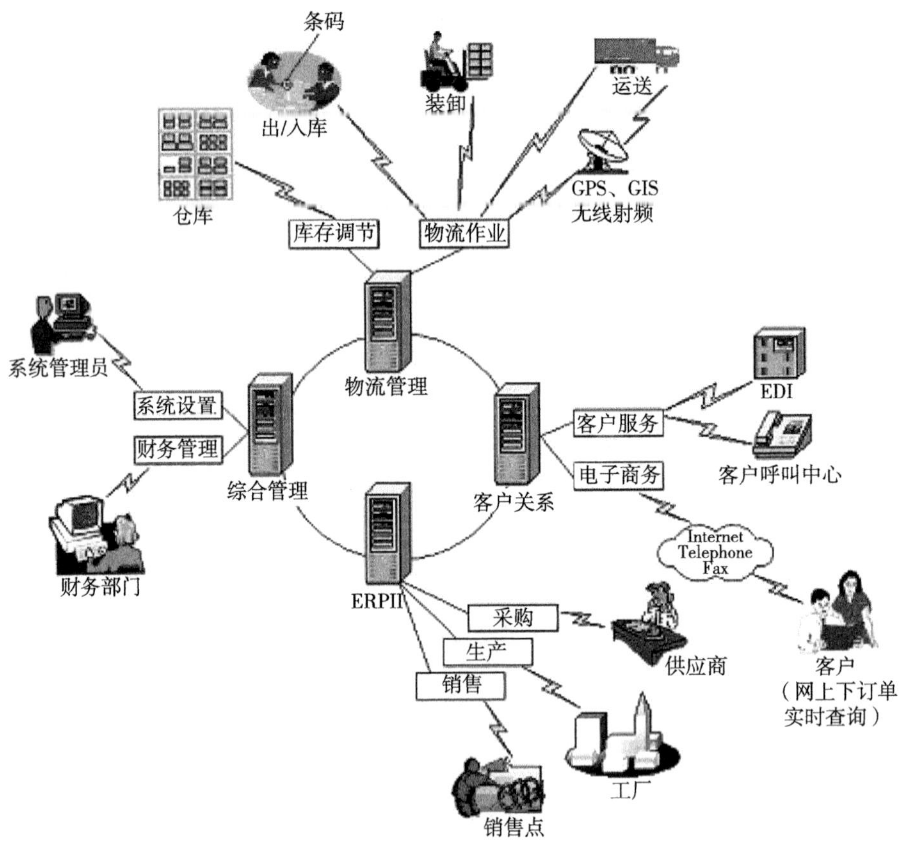

图 1 – 18 第三方物流公司服务流程

（1）关系契约化

■ 第三方物流通过契约形式来规范物流经营者与物流消费者之间的关系。物流经营者根据契约规定向物流消费者提供多功能甚至全方位一体化物流服务，并以契约来管理所有提供的物流服务活动及其过程。

■ 第三方物流发展物流联盟也是通过契约的形式来明确各物流联盟参加者之间权、责、利的关系。

（2）服务个性化

■ 物流消费者不同，其对物流服务的要求也不相同。第三方物流企业需要根据不同物流消费者在企业形象、业务流程、产品特征、顾客需求特征、竞争需要等方面的不同要求，提供针对性强的个性化物流服务和增值服务。

■ 从事第三方物流的企业经营者因为市场竞争的需要，物流资源、物流能力的影响，必须形成核心业务，不断强化所提供物流服务的个性化和特色化，以增强物流市场竞争能力。

（3）功能专业化

第三方物流所提供的是专业化的物流服务。无论是物流设计、物流操作过程还是物流技术工具、物流设施甚至物流管理都必须体现其专门化和专业水平。这既是物流消费者的需要，也是第三方物流自身发展的基本要求。

（4）管理系统化

第三方物流的管理应系统化，物流功能模块化，这是第三方物流生存的基本条件，也是第三方物流企业快速发展的基础。

（5）信息网络化

信息技术是第三方物流发展的必要条件。物流服务过程中，信息技术的发展使相关企业实现了信息实时共享，促进了物流管理的科学化，极大地提高了物流效率和物流效益。

1.7.3 第三方物流发展的优势

（1）企业集中资源，发展核心业务；

（2）灵活运用新技术，实现物流信息化、企业间信息共享，降低成本；

（3）减少固定资产投资，加速资本周转；

（4）提供灵活多样的物流服务，为顾客创造更多的价值。

1.7.4 第三方物流发展的制约因素

由于物流在中国发展的比较晚，大多数企业尤其是中小型企业习惯采用传统的生产模式和经营观念，所有的物流环节都由自身公司独立完成，不愿与其他物流公司合作，对大多数第三方物流公司不信任。这种物流活动及其组织管理呈现分割和封闭状况，必定对第三方物流发展产生内在的重要影响，主要表现为：

（1）观念的影响

大多数生产企业实行的是单一的生产管理，企业经营范围封闭，缺乏进入市场和社会的一体化模式，习惯于传统的企业储运方式，重生产、轻储运，难以形成现代物流管理思想，对第三方物流存在认识上、观念上的障碍，是影响第三方物流发展的根本因素。

（2）结构的影响

生产企业数量较多，总规模不小，但组织和产业结构不合理，低水平重复建设，重复投入，在相当多行业形成产品供大于求、结构性过剩，普遍存在产业关联度较低，缺乏社会化、专业化分工协作，是影响第三方物流发展的重要因素。

（3）技术的因素

虽然信息产业给生产企业注入了大量高新技术，但资源与技术构成不合理，普遍存在设施设备老化，物流技术水平低，难以适应现代化专业物流发展的需要，是影响第三方物流发展的主要因素。

（4）管理的因素

工业企业在较大程度上缺乏较为科学的内部管理制度，缺乏管理组织能力在生产管理上处于混乱状态，在组织经营上处于无序状态。产前没有市场调研，没有严格的成本核算；产中没有生产控制，没有营销策略；产后没有售后服务，是制约第三方物流发展的基础因素。

（5）人才的因素

生产企业普遍存在员工素质低，知识构成不合理，人才匮乏，缺乏创新能力的情况，是制约第三方物流发展的核心因素。

1.8 小结

本单元主要介绍了物流企业的概念及分类，物流企业管理的基本内容。物流企业管理的基本内容包括物流企业经营模式、物流企业风险管理、物流企业人力资源管理和物流信息化管理四个方面。这四个方面也是物流企业自身经营的基础，其中经营模式确定物流企业的业务发展方向和利润模式，风险管理、人力资源管理和物流信息化管理则是保证物流企业正常运行的基本管理活动。另外，还介绍了物流发展的新业务形式——第三方物流。第三方物流是生产企业发展到一定程度的必然产物，是物流业发展的新趋势，在社会经济中发挥着越来越重要的作用。

1.9 思考题

1. 物流企业的定义及分类是什么?
2. 试列举物流企业的经营模式有哪些?区别在哪里?
3. 物流企业的风险管理包括哪几个方面的内容?试列举。
4. 物流人力资源规划的内容有哪些?
5. 物流信息化的工具有哪些?
6. RF 技术与 RFID 技术有什么区别?

单元1 物流企业管理概述 | 单元2 物流服务类型 | 单元3 物流项目开发 | 单元4 物流网络选址 | 单元5 车辆管理

单元6 物流服务管理 | 单元7 物流企业财务管理 | 单元8 物流信息化 | 单元9 物流标准与法律法规

单元 2　物流服务类型

学习目标

1. 掌握仓储的功能及分类；
2. 掌握运输的功能及分类；
3. 掌握综合物流服务的概念、服务功能类型以及成为综合物流服务企业的条件；
4. 掌握国际货代的定义、业务范围；
5. 掌握仓单质押融资的概念、操作流程；
6. 掌握项目物流的概念、特征；
7. 掌握项目物流的概念、特点及运作模式。

第三方物流企业提供的物流服务种类很多，涉及范围较广，其中既有传统的运输、仓储、货代业务等，也有结合企业其他资源形成的新业务类型。物流企业的新业务类型主要包括仓单质押融资、项目物流等。本单元将依次对以上物流服务类型进行介绍。

2.1 仓储服务

2.1.1 仓储服务概述

仓储是指利用仓库对商品与物品进行储存和保管的行为，也可以说仓储是产品生产、流通过程中因订单前置或市场预测前置而使产品、物品暂时存放的过程，是连接生产、供应、销售的中转站，是物流活动的重要环节之一。

仓储的主要作用可以概括为以下几点：

（1）仓储是使社会生产顺利进行的基本条件

生产过程中的原材料、零配件等的供给都需要仓储活动的支持。如果缺少了仓储环节，生产就很难顺利进行，社会再生产过程也难以持续。因此，仓储是实现社会生产顺利进行的基本条件之一。

（2）仓储是物流活动的重要环节之一

在物流活动中最重要的两个环节是仓储和运输。仓储是靠改变货物的时间属性来实现增值的需要；运输是通过改变货物的空间属性来实现增值的需求。对整个物流过程来说，仓储是一个不可缺少的重要环节。

（3）合理的仓储可以帮助企业节约成本、提高企业经济效益

合理的仓储可以使商品流通顺畅，周转加快，从而降低物流成本。仓储通过入库、储存、分拣等作业环节缩短商品流通距离、减少流通时间，从而降低流通的综合成本，提高企业的经济效益。

（4）仓储可以根据市场需要对商品进行流通加工处理

商品在生产出来之后，一般都要经过包装、分拣、质检、再加工等环节，然后才能进入市场，而这些作业往往都需要在仓储过程中完成。

（5）仓储为逆向物流提供场所

传统意义上的仓储是为商品从原材料到产成品的流通过程提供存储场所。由于人们环保意识的增强，商品使用后的回收工作越来越引起人们的注意，商品流通向可持续的方向发展，而仓储正是逆向物流必不可少的场所。

2.1.2 仓储服务的分类

随着社会生产和物流业的发展，现代仓储业也在不断进步，仓储活动更加精细化。仓储通常可以分为保管型仓储和流通加工型仓储两类，如图 2－1 所示。

- 仓储
  - 保管型仓储
    - 普通物品仓储
    - 特殊物品仓储
  - 流通加工型仓储

图 2－1 仓储分类

（1）保管型仓储

保管型仓储是传统意义上的仓储形式，主要是对货品提供保管作用。保管型仓储可以分为普通物品仓储和特殊物品仓储两种。

普通物品仓储是指常温保管、自然通风、无特殊功能的仓储。该仓储形式一般只存放普通货品，而且一般不提供流通加工服务。现在大部分仓储都为普通物品仓储。

特殊物品仓储是指具有一定温度和湿度要求，专门用来存放一些具有易燃性、易爆性、腐蚀性、有毒性和放射性的物品，在库房结构和库内布局等方面都有一定要求的仓储。例如，冷藏仓库、恒温仓库和危险品仓库等。不同类型的仓库如图 2－2 所示。

（2）流通加工型仓储

它是对待加工、待销售或待运输的物品的仓储，如图 2－3 所示。采用该仓储形式的货品存储时间较短，主要追求周转效益，提供增值服务，将流通业务和仓储业务结合在一起，主要包括批发仓库、零售仓库等。

图 2－2　不同类型仓库

图 2－3　流通加工图例

2.1.3　仓储服务案例介绍

A 公司仓储案例

（1）A 公司介绍

A 公司在上海市外高桥保税区拥有 4000 平方米的保税仓，主要客户包括日本理光国际通运有限公司、华立船务有限公司、伯灵顿国际物流有限公司、华润物流等近百家外资、港资物流企业和分布于长三角地区的制造企业。A 公司为这些企业提供保税仓库的长租和短租服务，并附带提供流通加工等物流增值服务。

（2）A 公司仓储服务介绍

A 公司的赢利模式是通过仓库库位出租等物流服务项目获取收益。其基本收费项目是仓租费，另外还有装车、卸车、并柜/拼箱等项目，具体如下表所示。

A 公司收费项目

收费类型	收费项目
基本收费	仓租费
其他收费	装车费、卸车费、拼箱费、并柜费、贴标费、打板费、更换包装费、分组费等

A 公司的主要支出是人工、水电、仓储物和设备折旧带来的维修维护费用等。目前 A 公司的仓库主要是平面仓，只有部分库区采用立体货架，以托盘为基本搬运单元，用叉车（或者液压托盘车）进行进出库搬运和库内搬运。一楼是越库区，有五辆燃气动力叉车。二楼到十楼为储存区，每层都有一到两台电动叉车（用蓄电池驱动）。仓库有两个大型货运电梯提供上下货运服务。车辆停靠的月台有十多个车位，可以停靠货柜车、箱式货车等多种型号的运输车辆。

A 公司是一家以订单为驱动、以业务为中心进行运作的仓储服务企业，目前仍没有转型到以客户服务为中心。在该公司管理层的推动下，公司上下全体员工已经树立了全面质量管理的理念，并以 ISO 9000 质量管理体系的要求建立了规范化的质量文档体系。但该公司尚未正式申请或通过 ISO 9000 质量体系认证。

在母公司的帮助下，A 公司在 1999 年开发过一套网络架构的管理信息系统，后因结算不准确、系统灵活性差、不能适应业务变化需要等原因而放弃使用。自 2002 年年底到 2003 年年底，A 公司与某软件公司合作开发了一套全新的，基于 Web 的 B/S 体系的物流管理系统，覆盖了运输业务、仓储业务、财务结算等各个模块。从而实现了客户网上下单、网上查询订单处理状态、库存状态、账单明细等，还可以做到实时结算和预约结算。A 公司面临的最大的问题是如何提高资产回报率，因为当前的资产回报率太低。公司急需作一定调整，通过研究他们发现：提高保税仓库区工作人员士气，努力增强服务意识，注重品质提升；增大物流增值服务的比例，大幅提高仓租费以外的收入，争取利润贡献率高的 A 类优质客户，淘汰利润率低的 C 类客户等都是解决问题途径，因此公司决定着手开始调整。

（3）A 公司仓储服务质量管理

为了提高公司服务质量，提高保税仓的资产回报率，并在适当的时候通过 ISO 9000 质量体系认证，A 公司希望通过企业内部实现全面质量管理来改进自己的管理流程，并通过信息化的手段来辅助管理的开展。

他们的改革思路如下：首先，他们希望建立现代的岗位培训制度，实施严谨的教育及培训计划；其次，通过持续不断地在部门中开展培训和流程监控，消除各内部部门之间的隔阂，增强员工主动为客户服务的意识，消除员工对管理层的恐惧心理，使员工敢于提出自己的观点和看法；再次，逐步取消妨碍基层员工工作畅顺的因素并量化考核指标；最后，通过高层领导的积极参与，在企业内部形成计划、执行、检查、改善（PDCA）的全体员工认同的管理文化。对于高端客户，树立以客户为中心的服务意识（强烈关注客户的满意度），提出“要把服务做在客户没有想到之前”的口号。通过内部管理流程挖潜和对客户的优质增值服务来获得新的竞争优势。

2.2 运输服务

2.2.1 运输服务概述

运输是指“物”的载运及输送，它是在不同地域范围之间，以改变“物”的空间位置为目的的活动。运输是社会经济活动的基础，是连接商品生产、分配、交换和消费等过程的纽带。社会经济越发达，运输的重要性也就越明显。

运输服务是物流服务最重要的业务，对于整个物流管理过程起着决定性的作用。在整个物流过程中，运输主要提供两个方面的功能：产品转移和产品储存。

（1）产品转移

运输服务的主要功能是实现产品空间和时间上的转移，使产品在转移的过程中实现增值。无论物品处于什么形式，是材料、零部件、装配件、在制品还是制成品，运输都是不可缺少的环节。

（2）产品储存

运输的另一个功能就是对产品进行临时的储存。这个功能将运输车辆临时作为比较昂贵的储存设施。本质上，运输车辆被用作一种临时储存设施，是移动的，而不是静止的。这种储存也可以看做是免费储存、自然储存。

2.2.2 运输原理

运输的基本原理包括规模经济原理和距离经济原理，该两条运输原理主要是基于单位运输成本得来的。

（1）规模经济原理

规模经济原理是指随着装运规模的增长，单位重量的运输成本降低。例如，整车（TL）运输的单位成本低于零担运输（LTL）的单位成本。运输规模经济的存在是因为与转移一批货物有关的固定成本费用可以由整批货物的重量来分摊，所以一批货物重量越大，那么分摊的份数就越多，单位成本也就越低。

（2）距离经济原理

距离经济原理是指单位距离的运输成本随距离的增加而减少。如1000千米的一次装运成本要低于500千米二次装运。因为运输工具装卸所发生的固定费用必须分摊到每单位距离的变动费用，距离越长平均每单位支付的费用就越低。

2.2.3 运输服务案例介绍

B货运公司案例

（1）B货运公司介绍

B货运公司成立于1953年6月1日，当时只有17万元的资本额和10辆货车。1959年6月，因为业务量的急速增长，资本额由原来的17万元扩增到150万元，货车14辆，员工220人。1972年9月，公司经核准设立职业训练所，在当年12月底时，该公司年营业额突破1亿元。到了1976年8月，引进计算机处理系统，正式迈入资讯化作业时代。1982年12月，营业额已经超过5亿元。1984年12月，该公司营业额已经达到10亿元，并已正式公开发行股票。1988年4月起，总公司及营业单位（各地场站、营业所）完成了全面计算机连线系统。1994年11月，该公司物流部通过了ISO 9002国际品质认证，同时也是第一家荣获ISO 9002系统国际品质认证的货运业者。1995年11月，速递部通过ISO 9002国际品质认证。

（2）B货运公司业务范围及营业项目介绍

1）业务范围

B货运公司所经营的业务范围有七大类：①汽车货运业；②城市配送业；③汽车集装箱货运业；④仓储业务；⑤冷冻及冷藏业务；⑥前项附带业务的经营及投资；⑦其他事业

的投资等。

2）公司规模

B 货运公司一共拥有 150 个场站（所），员工数 3457 人，车辆 2000 多部，土地面积 23.77 万平方米，资本额高达 45 亿 4600 万元。

3）组织分工

在组织方面，该公司设有六部、两中心、三室，其中，六部包括总务部、业务部、速递部、物流部、运务部、工务部等。两个中心是资讯中心及员工教育训练中心。三室为总经理室（含下设的研发课）、稽核室、安全卫生室等。

4）营业项目

物流部在 1989 年 4 月正式成立，管辖有两个组：常温物流组及低温物流组。物流部门的服务及营业项目有三大类：

■ 常温服务。提供一般制造商、批发商、贸易商的仓储及运销的服务。包含三项服务内容：①仓储。提供供应商、批发商、贸易商产品的仓储场地和管理服务。②长途配送。大型车从事长距离的货物运送。③区域配送。利用小型车，在短距离区域内，从事多点的货物运送。

■ 低温服务。提供制造商、批发商、贸易商需冷冻、冷藏商品的仓储及运销服务，储藏温度为 $-18℃\sim25℃$ 的商品。包含有三项服务内容：①仓储。为供应商、批发商、贸易商的各类冷冻、冷藏商品提供冷冻、冷藏仓库的储放与管理。②整车配送。利用大型冷冻、冷藏车辆，从事长距离的货物运送。③零担配送。接受单件或多件不满整车货物，由发送站集中，经低温零担货物班车运送至到达站，再由到达站转送至收货人的配送方式，是一种点到点、大区域的点式配送。

■ 物流支援系统。包括：①路线零担运送服务。以遍布全省的营业据点，提供小型厂商、中小企业及一般民众单一或少量货物的“点对点”、“户对户”运送服务，将物流的范围扩大至包含共同集配的物流中心。②快递运送服务。从省北部到省南部及各大都市的密集服务据点，以每日往返的定时板车穿梭其间，并辅以资讯高速网络追踪货品，确保货物的安全与迅速，有效地支援物流业务的更快速服务。

2.3 综合服务

2.3.1 综合服务概述

综合服务是指物流企业在提供物流服务时，不是单一地提供某一种服务，而是将运输、仓储、包装、装卸搬运、流通加工、配送和物流信息等服务中的几种有效的组合、联结在一起，以便合理、有效的实现物流服务。

综合服务包含的要素除了前面提到的仓储服务和运输服务之外，还包含以下几种服务方式：

（1）包装服务

在物流过程中，为了使货物完好无损的送到用户手中，满足用户和服务对象的要求，就需要对大多数商品进行不同方式、不同程度的包装。包装可分为工业包装和商业包装两类。工业包装的作用是按单位分开产品，便于运输，并保护在途货物。商业包装的目的是便于最后的销售。因此，包装的功能体现在保护商品、单位化、便利化等几个方面。

（2）装卸搬运服务

装卸搬运是随运输和保管而产生的，对运输、保管、包装、流通加工等物流活动起衔接作用。在物流活动的全过程中，装卸搬运活动发生的次数很频繁，是产品损坏的重要原因之一。将装卸搬运服务与其他服务合理搭配，可以节约物流费用，获得较好的经济效益。

（3）流通加工服务

流通加工服务是货品从生产领域向消费领域流动的过程中，为了促进产品销售、保证产品质量并实现物流效率化，对物品进行加工处理，使物品发生物理性或化学性变化的服务。流通加工服务是物流活动中的一项重要的增值服务，也是现代物流发展的一个重要趋势。

（4）配送服务

配送是物流活动中一种比较特殊的、综合的服务形式，是商流与物流紧密结合的纽带。从功能上讲，配送几乎包括了所有的物流功能服务，是整个物流过程的缩影，也可以说是整个物流活动在一个小范围内的体现。一般的配送服务集装卸、包装、保管、运输功能于一身，通过这一系列活动的完成将货物送达目的地。合理的配送，可以减少物流成本的投入。配送服务是现代物流服务的一个重要组成部分。

（5）信息服务

现代物流需要依靠信息技术来保证物流体系的正常运作。所以，信息服务是为了适应现代物流的发展而诞生的一种新的服务方式。信息服务可以分为物流信息服务和商流信息服务两种。

（6）金融服务

金融服务是现代物流企业新兴的物流服务类型，其中最具有代表性的是仓单质押融资服务。仓单质押融资服务是物流服务方通过与银行、货主之间达成三方协议，货主将货物储存在物流公司，物流公司向货主提供仓单，货主通过仓单向银行申请贷款的一种金融服务。

2.3.2 成为综合服务型物流企业的要求

一个物流企业要想转型为综合服务型物流企业是要有一定基础的，必须满足一定的条件。如果物流企业盲目转型，勉强企业为客户提供综合物流服务，不仅会影响企业的服务水平，也会影响企业的经济效益。作为一个物流企业要成为综合服务型物流企业，需要满足以下几点：

- 可以为客户提供运输、货运代理、仓储、配送等多种物流服务，具有一定的规模。
- 根据客户的需求，为客户制订整合物流资源的运作方案，为客户提供契约式的综合物流服务。
- 按照业务要求，企业自有或租用必要的运输设备、仓储设施及设备。
- 企业具有一定范围内的货物集散、分拨网络。
- 企业配置专门的机构和人员，建立完备的客户服务体系，能及时、有效的提供客户服务。
- 具备网络化信息服务系统，可以对物流服务全过程进行状态查询和监控。

2.3.3 物流企业提供综合服务的方式

随着社会经济的发展，作为物流企业，提供综合物流服务是物流企业发展的必然趋势。物流企业提供综合服务的方式有以下两种：

（1）企业内横向一体化

企业内横向一体化是指要求企业内各个部门之间相互合作，资源共享，达到综合服务的目的。对于比较大的物流企业，企业内部被划分为不同的部门，每个部门提供不同的服务，而企业内部的横向一体化就是要达到物流资源共享的目的，使企业内部协调一致，和谐发展。

（2）企业间纵向一体化

企业间纵向一体化是指具有投入、产出关系的不同企业合为一体，即在不改变要素产权关系的前提之下，建立战略联盟，将企业各自拥有的物流资源与其他企业分享，或者和其他企业合作。可以通过互相投资、参股、签订合同等方式来实现战略联盟。

企业横向一体化强调企业内部各部门之间通过相互协调达到服务目的，而纵向一体化倾向于从产业链的角度出发，不同企业之间通过一体化达到服务的目的，如提供仓储服务为主的物流企业和提供运输服务为主的物流企业通过纵向一体化结成战略联盟为客户提供一体化的物流服务，从而提高自身竞争力。

2.3.4 综合服务案例介绍

上海某综合服务物流公司案例

（1）公司介绍

上海某物流公司成立于1994年，成立之初，公司只有4辆卡车，业务主要是为某厂进行配套运输。但此时，该工厂的效益日渐滑坡，1996年8月，该厂停产了。汽运公司的员工为了生计，不得不向外揽活。就这样，开始了它在第三方物流领域的探索。

1992年，邓小平南巡讲话之后，上海加大了对浦东开发开放的力度，一大批国际知名企业纷纷到浦东落户。外资企业的到来打破了国有企业条块分割、自给自足的局面，运输市场需求旺盛，为许多中小企业提供了发展良机。该公司抓住了这一机会，历经磨难，稳步发展。

公司于1999年7月更改为股份有限责任制。此时，公司已拥有各类营运车辆110辆，注册资本达160万元，实际资本为500余万元。

（2）物流业务介绍

①服务项目

该物流公司拥有停车场地2.6万平方米，办公及商务用房1500平方米，可供仓储面积1.2万平方米。公司的主要服务项目为：

a. 物流咨询。用最科学、最经济的方式，为客户提供物流方案的策划、组织和实施。

b. 跨省市快运。构建全国快运网络，承接各类物资的整车、零担快运业务，确保将货物快速、准时、安全地运到目的地。

c. 仓储服务。大型仓库和堆场，可提供各类物资的保管、存储和中转配送服务。同时，还可提供货品整理、包装等配套服务。

d. 多式联运。对大批量、长距离的货物，可组织公路、铁路、水路和航空等多种方式的联合运输，一票到底全程负责。

②运输业务

在运输方面，公司的业务主要分为两大部分：自运和配载。苏浙皖三省由公司自有车辆运输，其他省市由协作单位车辆运输。为保证服务质量，公司对协作单位的资质有较严格的要求。协作单位经评估合格后，与公司签订合作合同，并被列为公司的合格分供方。对于大批量的货物，公司还可以组织铁路、水路、航空等多种方式的联合运输。在确保安全、及时的条件下，尽可能为客户降低物流成本。

③现代管理

为保证服务质量，公司按照ISO 9002国际认证的要求，规范内部管理，并于1997年通过审核，取得国际品保认证。现代物流的发展离不开现代通信和信息技术的支持。该公司为进一步巩固自己在市场上的竞争优势，在同行中率先装备了车辆调度和信息管理系统。该系统具有全球卫星定位功能，调度中心通过电子地图能随时知道车辆的准确位置。通过车载电话，驾驶员与调度中心能随时保持双向信息沟通。这样，货物在运输途中的及时性和安全性就有了进一步的保障。

2.4 国际货代服务

2.4.1 国际货代服务概述

国际货代是“国际货运代理”的简称，国际货运代理协会联合会将国际货代定义为：

"国际货运代理是根据客户的指示，为客户的利益而揽取货物运输的人，其本人并不是承运人，国际货运代理也可以依这些条件，从事与运输合同有关的活动，如储存货物、报关、验货、收款。"在我国，国际货代是指接受进出口货物收货人、发货人的委托，以委托人的名义或者自己的名义，为委托人办理国际货物运输及相关业务并收取报酬的企业。其中，出口作业流程示意如图 2－4 所示。

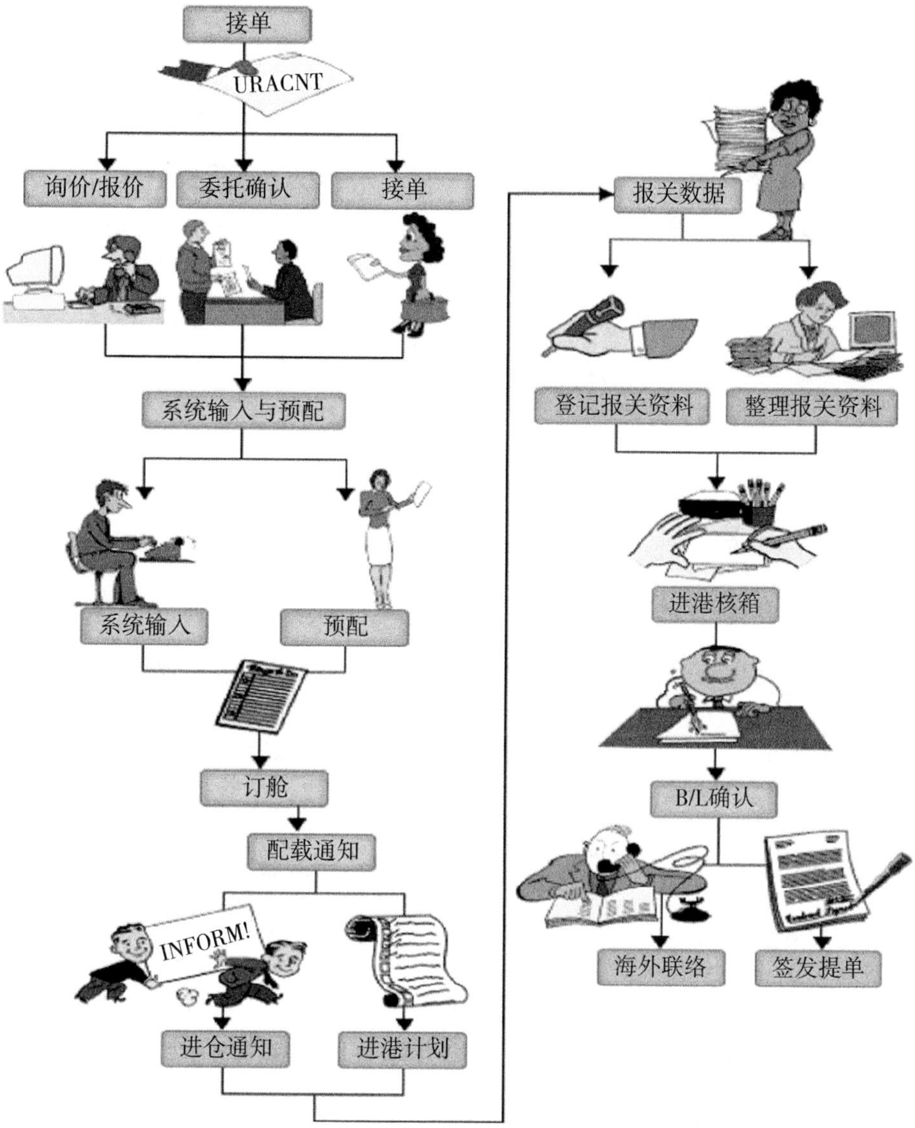

图 2－4　出口作业流程示意

2.4.2　国际货代的业务范围

国际货代的业务范围非常广泛，主要是接受客户的委托，为其提供货物运输、转运、仓储、保险以及对货物零星加工等服务，并管理国际货物的运输、中转、装卸、仓储等事宜。就其提供服务的对象来看，可以分为如图 2－5 所示的几个方面。

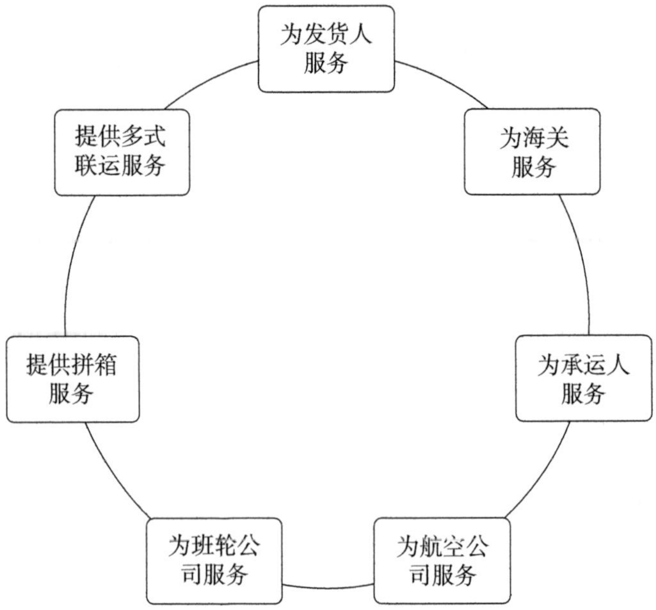

图 2－5　国际货代服务对象

（1）为发货人服务

货代代替发货人完成货物运输过程中的任何一项业务。例如，选择最快最省的运输方式、采用合适的货物包装、确定合理的货物运输路线，然后为客户提供仓储与分拨的建议、安排对货物计重和计量、办理货物保险等。

（2）为海关服务

当国际货运代理作为海关代理为客户办理相关进出口商品的海关手续时，它不仅代表它的客户，而且代表海关当局，要对海关负责。例如，国际货运代理在填写单证时，要保证申报货物的金额、数量和品名准确，使政府不受损失等。

（3）为承运人服务

货运代理向承运人及时定舱，议定对发货人、承运人都公平合理的费用，安排适当时间交货，以及以发货人的名义解决与承运人的运费账目等问题。

（4）为航空公司服务

在空运业上，货运代理充当航空公司的代理，它利用航空公司的货运手段为货主服务，以此获得航空公司支付的佣金。另外，货运代理还可以通过差价服务获取利润。

（5）为班轮公司服务

货运代理与班轮公司的关系因业务的不同而不同。近几年来，货代公司开始为客户提供拼箱服务（即拼箱货的集运服务），这也促使货代公司与班轮公司及其他承运人（如铁路/公路）之间的关系更为密切。

（6）提供拼箱服务

在国际贸易中，随着集装箱运输的发展，集运、拼箱服务成为国际货运公司新的服务类型。在提供该服务的过程中，货代要为委托人的利益负责。如果发货人或收货人有特殊要求的话，货代也可以在发货地和目的地为客户提供提货和交付服务，甚至提供门到门的服务。

（7）提供多式联运服务

对国际货代来说，货物运输集装箱化的较深远影响是它介入了多式联运。货代在多式联运中的职能是充当主要承运人并承担组织单一合同下通过多种运输方式的门到门的货物运输。货代公司可以以当事人的身份与其他承运人或其他服务提供者进行谈判并签约。但是，这些分拨合同不会影响多式联运合同的执行，也就是说，不会影响发货人的权益，并在此过程中承担货损或灭失的责任。货代作为多式联运经营人时，通常需要提供包括所有运输和分拨过程的“一揽子”服务，并对它的客户承担全部责任。

2.4.3　国际货代服务案例介绍

某国际货运代理有限公司案例

（1）某国际货运代理有限公司介绍

某国际货运代理有限公司成立于2005年，是某国际物流集团的子公司。公司下设海运部、空运部、市场部、财务部、驻港服务部等部门。公司员工大多具有多年的报关、报检和国际货运代理工作经验。依托母公司的强大网络，该公司可以为广大进出口客户提供天津、北京、大连、青岛、上海、深圳、厦门、宁波等中国主要城市的国际海运、空运、陆运代理业务。公司成立以后，发展十分迅速。

（2）公司业务范围介绍

公司的经营范围涉及多个方面，但概括来说，可以分为三大类：一是报关报检业务。

服务内容包括注册服务，报关、报检、报验服务，延伸服务等。二是海运业务，服务内容包括海运进口业务和海运出口业务，其中海运进口业务主要是指根据客户委托办理货物出口前后的一切业务和国外业务等。三是空运业务，包括根据客户的委托，办理航空运输的一切业务，也分为进口业务和出口业务两种。

公司的发展策略是借鉴国际成功的商业模式，结合中国物流行业现状，全力推行创新的连锁经营理念，以品牌带动规模化发展。公司突破传统的发展模式，采用新的商业模式，为客户提供国际航运信息服务查询、货物运输业务网上受理、运输解决方案、网上单据传递、货物动态跟踪、电子报关、网上结算等在线服务，以实现管理一体化、服务标准化、业务规范化的运营目标。

2.5 仓单质押融资

2.5.1 仓单质押融资概述

仓单融资又称为“仓单质押融资”，是指申请人将其拥有完全所有权的货物存放在商业银行指定的仓储公司，并将仓储方出具的仓单放在银行进行质押，作为融资担保，银行依据质押仓单为申请人提供用于经营与仓单货物同类商品的专项贸易的短期融资业务。

仓单融资实质上是一种存货抵押融资的方式，通过银行、仓储公司和企业的三方协议，引入专业仓储公司并在融资过程中发挥监督保管抵押物，对抵押物进行价值评估、担保等作用。一般情况下，仓储公司与银行之间是合作的关系，图2－6是三者之间的关系：

（1）仓单质押对抵押物的要求

- 所有权明确，不存在与他人在所有权上的纠纷。
- 无形损耗小，不易变质，易于长期保管。
- 市场价格稳定，波动小，不易过时，市场前景较好。
- 用途广泛，易变现。
- 规格明确，便于计量。
- 产品合格并符合国家相关标准，不存在质量问题。

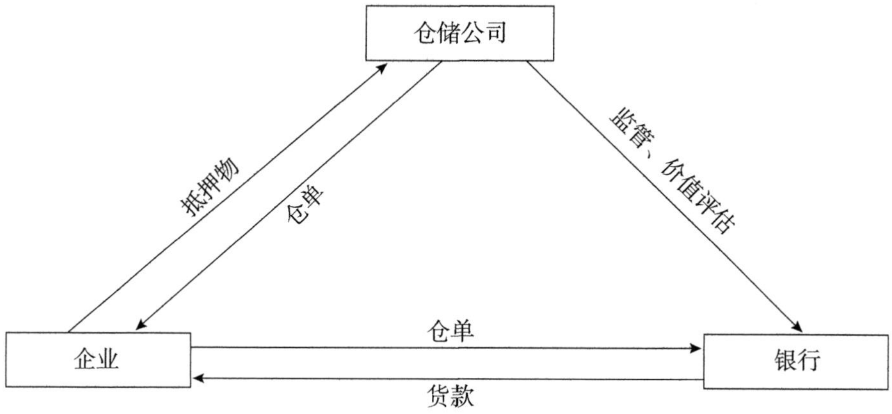

图 2－6　仓储公司、企业、银行三者之间的关系

仓单质押融资多适用于钢材、有色金属、黑色金属、建材、石油化工产品等大宗货物。

（2）仓单质押融资对企业的要求

■ 将可用于质押的货物（现货）存储于商业银行认可的仓储方，并持有仓储方出具的仓单。

■ 对仓单上载明的货物拥有完全所有权，并且是仓单上载明的货主或提货人。

■ 以经销仓单质押下货物为主要经营活动，从事该货品经销年限大于等于一年，熟知市场行情，拥有稳定的购销渠道。

■ 资信可靠，经营管理良好，具有偿付债务的能力，在各大银行均无不良记录。首先是企业的经营能力和信用状况，企业的主营业务增长率要大于零，最好大于该行业的平均增长率；资产负债率小于50%。除经济实力外，良好的信用是企业履约的必备条件，主要包括企业偿还债务的历史情况，在以往的履约中所表现的履约能力，自愿履约等。

■ 融资用途应为针对仓单货物的贸易业务。

（3）仓单介绍

仓单是保管人收到仓储物后给存货人开付的提取仓储物的凭证，仓单除了作为已收取仓储物和提取仓储物的凭证外，还是一种有价证券，可以通过背书转让仓单项下货物的所有权，或者用于出质。

■ 仓单的法律性质

● 仓单是一种要式证券

要式证券是指证券或票据的做成格式和记载事项必须按照相关法规规定的严格格式进行相关事项的记载，否则就会影响该证券或票据的效力甚至会导致票据的无效。

仓单上必须有保管人的签字以及必要条款，以此来确定保管人和存货人各自的权利和义务。

- 仓单是物权证券

物权证券是指证券持有者对公司的财产有直接支配处理权的证券。物权证券所代表的是物权。如仓单、提单等。

仓单持有人依仓单享有对有关仓储物品的所有权，行使仓单上载明的权利或对权利进行处分。实际占有仓单者可依仓单所有权请求保管人交付仓单上所载的储存物品。

- 仓单是文义证券

文义证券是指证券上的权利义务仅依证券上记载的文义而确定的证券。

仓单上的权利义务的范围，以仓单的文字记载为准，即使仓单上记载的内容与实际不符，保管人仍应按仓单上所载文义履行责任。

■ 仓单内容

仓单依《合同法》第三百八十六条的规定应载明以下内容：

- 存货人的名称或者姓名和住址。
- 仓储物的品种、数量、质量、包装。
- 仓储物的损耗标准。
- 储存场所。
- 储存时间。
- 仓储费。
- 仓储物已经办理保险的，其保险金额、期间以及保险人的名称。
- 填发人、填发日期和填发地。
- 存货人在仓单上背书并经保管人签字或者盖章。

■ 仓单效力

- 存货人凭仓单领取仓储物的效力。
- 移转保管物的效力。

2.5.2 仓单质押融资操作流程

图2－7是一般仓单质押的操作流程，在该流程图中，可以明确地看出在办理仓单质押融资过程中货主企业、仓储企业及银行的作业流程。

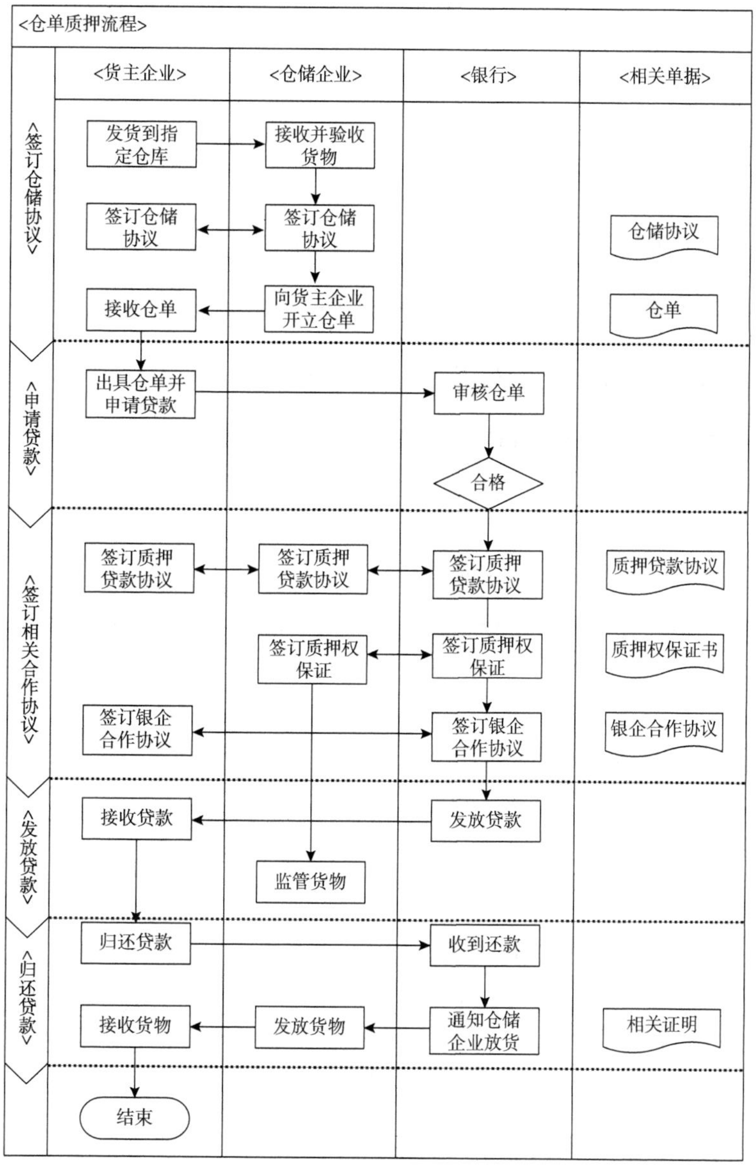

图2－7 仓单质押操作流程

- 由仓储企业和货主企业之间签订仓储协议，并向货主提供仓单。
- 货主根据仓储企业提供的仓单向银行申请贷款。
- 银行向仓储企业核对仓单。
- 银行、仓储企业和货主企业三方共同签订质押贷款协议。

■ 银行和货主企业签订银企合作协议。

■ 银行根据上述协议向货主企业发放贷款。

■ 仓储企业根据三方协议对货主企业的货物实施监管。

■ 货主企业在规定期限内向银行归还贷款，银行有义务负责收回贷款。

■ 仓储企业接到货主企业申请和银行相关证明之后向货主企业发放货物，至此，一个完整的仓单质押融资流程结束。

2.5.3 仓单质押融资新模式介绍

（1）异地仓单质押融资

异地仓库仓单质押贷款是在仓单质押贷款融资基本模式的基础上，对地理位置的一种拓展。仓储公司根据客户需要，或利用全国的仓储网络，或利用其他仓储公司仓库，甚至是客户自身的仓库，就近进行质押监管，提供仓单，企业根据仓储公司的仓单向银行申请贷款。

异地仓库仓单质押贷款是充分考虑客户的需求，把需要质押的存货等保管在方便企业生产或销售的仓库中，无须再将货物转移到银行指定的物流公司仓库中，极大地降低了企业的质押成本。

（2）保兑仓融资模式

保兑仓又称买方信贷，相对于仓单质押基本模式的特点是先票后货，即银行在没有货物质押的情况下先开出承兑汇票，其操作方式为：首先要形成一个以四方为主体的两套三方协议，第一套协议方分别为：甲方生产企业、乙方经销商、丙方银行；第二套协议方分别为：甲方银行、乙方物流企业、丙方经销商。银行在经销商缴纳了一定的保证金后开出承兑汇票，收票人为生产企业，生产企业在收到银行承兑汇票后按银行指定的仓库发货，货到仓库后转为仓单质押。

（3）统一授信的担保模式

统一授信的担保模式是指银行根据仓储公司的规模、经营业绩、运营现状、资产负债比例以及信用程度等，把一定的贷款额度直接授权给仓储公司，再由仓储公司根据客户的条件、需求等进行质押贷款和最终清算。仓储公司向银行提供信用担保，并直接利用信贷额度向相关企业提供灵活的质押贷款业务。银行则基本上不参与质押贷款项目的具体运作。

统一授信的担保模式有利于企业更加便捷地获得融资，减少原来向银行申请质押贷款的多个申请环节；同时也有利于银行充分利用仓储公司监管货物的管理经验，通过仓储公司的担保，强化银行对质押贷款全过程监控的能力，更加灵活地开展质押贷款服务，降低贷款风险。

2.5.4 仓单质押融资案例介绍

某公司仓单融资业务案例

（1）公司开展质押监管业务的背景

20 世纪 90 年代末，上海、浙江一带的许多钢材贸易型企业都面临着这样一种困境：企业库存量太大，流动资金不足，致使企业不能正常运作，那么如何才能将固化的库存转化成流动的资金呢？银行可以根据企业的运行状况、资金周转情况以及库存情况等，将企业的库存对应的资金总量按一定比例折合成对应的资金贷款给企业，而企业将自己的库存物资质押给银行，银行委托第三方的仓储公司对这批库存物资进行监管。这种融资方式可以盘活资金，最大限度地降低财务费用。

在这样的背景下，某公司凭借自身雄厚的资产实力，覆盖全国的网络，庞大的客户群，以及良好的品牌和商誉优势率先与银行开展质押监管业务。

作为仓储保管的增值服务，质押监管业务一推出，就受到客户的青睐，并逐渐从无偿服务走向有偿服务。近年来，该公司先后为 500 多家客户提供了质押融资服务，累计融资规模超过了 200 亿元，该公司还先后与包括四大国有银行在内的十几家国内银行建立合作关系，质押监管收入超过 1000 万元。

（2）该公司开展质押监管业务的情况介绍

该公司质押监管业务起始于 1999 年，主要目的是为满足仓储客户的融资需求，增加服务特色，稳定、吸引仓储资源，增加主营业务收入。此项服务的推出，开创了动产质押监管的先河，得到了客户和银行的热烈响应。经过近 5 年时间的实践及业务知识的充分准备和积淀，2004 年，该公司库内质押服务延伸到库外质押，更好地满足异地、多客户类型、多质押品种的融资监管需要。

2006年，该公司共与11家银行、39家客户融资8.5亿元，货物质押量35万吨，质权人包括多家代客采购的高端企业，监管地点涉及江苏省内及安徽省，客户类型包括生产型企业、流通型企业、第三方仓储企业，涉及质押物种类有黑色金属、有色金属、稀有金属及其制品、矿产品、成品纸、未上牌汽车等，对化工产品、能源油品的监管业务，该公司也在积极接触。

该公司开展的质押监管业务与现有业务集成的具体方式主要有：

①国内贸易结合

该公司为银行监管存放在其仓库内的货物，银行为客户提供专项用于向卖方支付货款的融资授信方式。

②加工制造业供应链管理结合

仓库通过输出管理，派人员对制造企业的原料或成品实施质押监管，银行为制造企业贷款。

③国际货运代理业务的结合

在进口业务中，代理开证监管，代理货物监管，提单分拆；在出口业务中，代理集港、代理监管、信用证打包等。

（3）该公司质押监管业务模式介绍

在质押监管业务模式中涉及了出质方、仓储方和银行三方的关系，资金和货物在三方流动的方式如图2－8所示。由于市场环境的变化，质押监管业务也呈现出多样性，表现出较强的灵活性。

目前，该公司主要采用仓单质押、动产质押逐笔控制、动产质押总量（总货值）控制、买方信贷（保兑仓）和开证监管五种质押监管业务模式。

仓单质押：仓单质押融资业务是指出质人将其拥有完全所有权的货物存放在银行指定仓储公司（以下简称仓储方），并以仓储方出具的仓单在银行进行质押，作为融资担保，银行依据质押仓单向出质人提供用于经营与仓单货物同类商品的专项贸易的短期融资业务。

动产质押逐笔控制：动产质押逐笔控制是指出质人以银行认可的合法的动产作为质押担保，银行给予融资，且在授信期内通过银行审批释放所质押动产的授信业务，监管人的控货方式为逐笔控制。

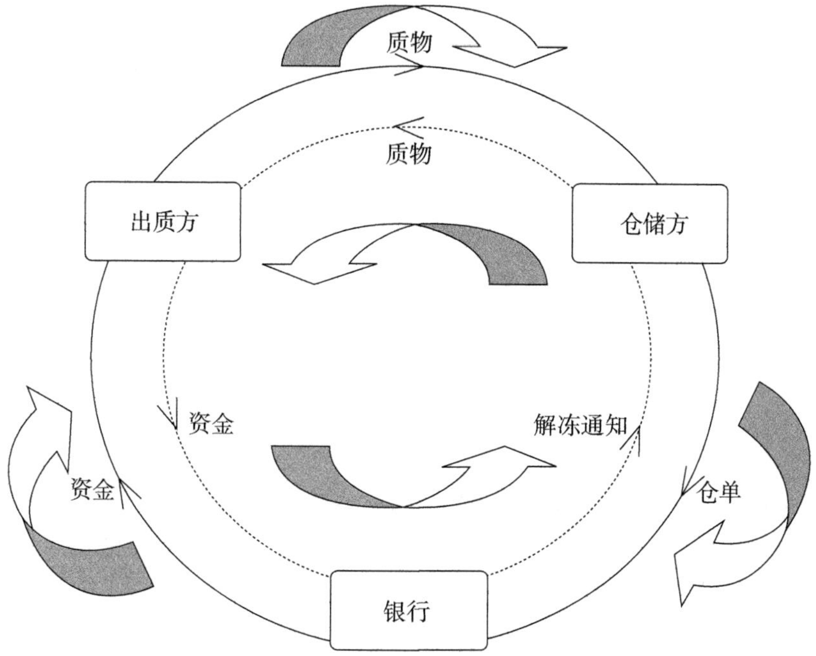

图 2－8　资金、货物流转

动产质押总量（总货值）控制：动产质押总量控制是指出质人以银行认可的合法的动产作为质押担保，银行给予融资，且在授信期内在满足银行核定的最低库存基础上，可更换所质押动产的授信业务。质押的标的为监管人仓储保管的货物，银行委托监管人不间断地占有质物，但监管的质物是不断更换的，在不同的时间表现为不同批次、种类，故称为“动态质押总量控制”。

买方信贷（保兑仓）：买方信贷是指银行在取得商品控制权的条件下，为买卖双方之间的先款后货贸易提供封闭式采购融资支持。出质人及供应商实行先款后货的结算方式，出质人不能提供现货供质押，但其供应商能配合银行控制货权。

开证监管：开证监管是指银行为进口商开立信用证向国外的生产商或出口商购买货物，进口商缴纳一定比例的保证金，其余部分以进口货物的货权提供质押担保的货押业务。

附：仓单样本

______________ 公司质押专用仓单　　(正本)

特别声明：
本仓单依附于____银行____分行、____公司、________
________公司（仓储方）签订的<质押监管协议>（编号），未述明之内容准用上述协议，本仓单不得用于转让流通，本仓单记载事项以货物入库时表面审查、外观检查的结果为依据。

编号：__________

<table>
<tr><td rowspan="4">存货人</td><td colspan="5">名称：</td><td rowspan="4">质权人</td><td colspan="5">名称：　银行　分行　支行</td></tr>
<tr><td colspan="5">住址：</td><td colspan="5">住址：</td></tr>
<tr><td colspan="5">电话/传真：</td><td colspan="5">电话/传真：</td></tr>
<tr><td colspan="5">法定代表人/负责人姓名及联系方式：</td><td colspan="5">法定代表人/负责人姓名及联系方式：</td></tr>
<tr><td rowspan="5">货物</td><td>货物品名</td><td>规格型号</td><td>数量单位</td><td>重量单位</td><td>包装</td><td>标记</td><td>损耗标准</td><td>生产厂家（产地）</td><td>商标</td><td>存储地点/货区号/货位</td><td>备注</td></tr>
<tr><td></td><td></td><td></td><td></td><td></td><td></td><td></td><td></td><td></td><td></td><td></td></tr>
<tr><td></td><td></td><td></td><td></td><td></td><td></td><td></td><td></td><td></td><td></td><td></td></tr>
<tr><td></td><td></td><td></td><td></td><td></td><td></td><td></td><td></td><td></td><td></td><td></td></tr>
<tr><td></td><td></td><td></td><td></td><td></td><td></td><td></td><td></td><td></td><td></td><td></td></tr>
</table>

制单人：________　审核人：________　签发人：________　签发日期：________

签发公司签章：________

2.6　项目物流

2.6.1　项目物流概述

项目物流是指以某项特定项目为服务对象而产生的一系列物流活动的总和。如某项工程产生的工程物流、会展上产生的会展物流等。

项目物流具有以下特点：

- 项目物流以服务项目为目的，项目结束，项目物流也随之结束。
- 项目物流活动多为一次性活动、重复性较少。
- 项目物流具有特殊性，经常需要特种车辆及工具方能完成物流活动。

上述是项目物流的三个主要特点，这里需要注意的是项目物流和物流项目的区别，项目物流是物流的一种模式，跟物流项目具有很大的差别。

2.6.2 项目物流运作模式

由于项目物流的特殊性，对于第三方物流企业来说，依靠自身的资源是很难按照客户要求完成项目物流活动的。而且，对于第三方物流企业来说，由于项目的需要不同，设备设施也不同，如果靠自身购买来解决项目物流的设备问题，很容易造成设备利用率低。那物流企业如何运作项目物流呢？一般情况下，物流企业在承接项目物流后，要充分评估项目物流需要的物流设备有哪些，数量是多少，然后通过租借的方式来完成项目物流。物流企业本身只需提供相关人员参与对整个项目物流的管控，基本流程如图 2－9 所示。

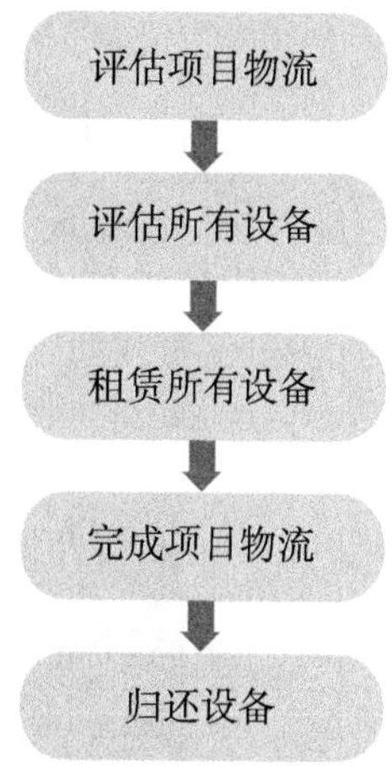

图 2－9 项目物流操作流程

在实施项目物流时，物流企业要做到“三个控制”，即进度控制、质量控制和成本控制。

进度控制：由于项目物流是以服务项目为目的，在进度上要保持与项目进度同步进行。一般在签订项目物流合同中都会注明项目物流进度控制，所以，在实施项目物流时，要注意控制物流的进度。

质量控制：由于项目本身具有连续性，下一阶段的任务都是在本阶段任务完成的基础上进行的，本阶段的项目质量将严重影响下一阶段项目进行，所以，在实施项目物流时，要保证物流的标的物准时、准确、完好地送到客户手中，这里所说的质量不仅仅是物流服务的质量，还包括物品的完好无损。

成本控制：对于物流企业来说，承接项目物流活动的本身也是为了从中获取利润，所以在实施项目物流时，要注意控制物流成本。

2.6.3 项目物流案例介绍

项目物流案例

案例 1：某纸业项目

某纸业项目为年产 12 万吨高档生活用纸，项目总投资 8888 万美元，占地总面积 519 亩。项目第一期将装配一条年产 6 万吨造纸生产线。生产线主体设备为重 148 吨的扬克缸，设备尺寸 8862 毫米 ×5600 毫米 ×5820 毫米。

该物流公司负责进口设备的国内运输业务，其中扬克缸在厦门港驳船接货，驳运至晋江安平港码头采用浮吊卸船，并陆运至工地现场卸车。扬克缸的运输及搬运方式分别如图 2 – 10 和图 2 – 11 所示。

图 2 – 10　扬克缸在厦门海天码头过驳及晋江安平码头浮吊装车示例

图 2 – 11　扬克缸陆上运输

案例 2：厦门某项目

厦门某项目由厦门某石化公司筹资兴建，工程投资共 6.9 亿美元。该工程超大型设备共计 40 件，分别由日本及中国台湾经海运抵达厦门海沧国际集装箱码头，然后经公路运输至工地。运输总重量吨为 3563 吨，运输体积吨为 19271 吨，如图 2 – 12 所示。（其中典型设备的外型尺寸 67180 毫米 ×8302 毫米 ×8851 毫米，重量为 325 吨）

案例 3：中远物流国际会展物流案例

某公司欲参加某国际知名会展，委托中远物流负责会展展品出入境的公路运输、海上

图 2－12　典型设备

运输、报关等具体工作，图 2－13 是中远物流实施会展物流的相关介绍。

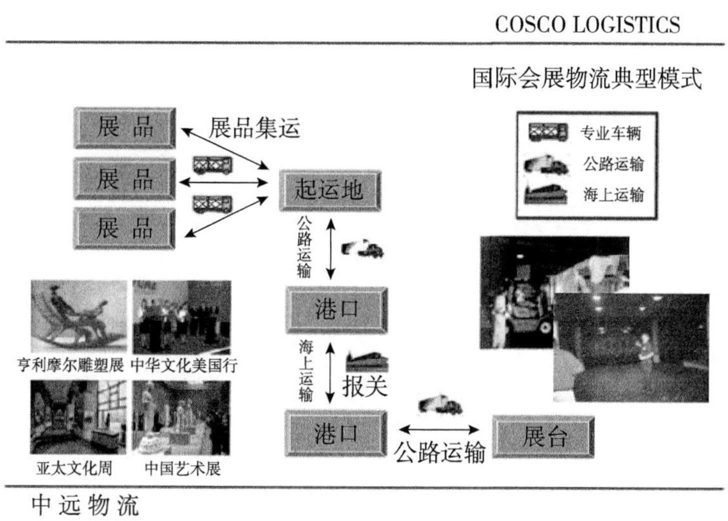

图 2－13　国际会展物流示意

2.7　小结

本单元主要讲述了仓储服务、运输服务、综合物流服务及国际货代服务等几种常见的物流服务类型以及各自的功能特点。同时，也介绍了包括仓单质押融资、项目物流这两种非常见的物流服务模式，包括这两种物流服务模式的概念、特征及操作流程，并举例进行说明。

2.8 思考题

1. 综合物流服务与传统仓储服务和运输服务具有哪些共同点及区别?

2. 综合物流服务企业要具备哪些条件?

3. 仓单质押融资涉及哪几个主体?各个主体所扮演的角色如何?

4. 项目物流的概念是什么?如何运作?

单元1 物流企业管理概述 | 单元2 物流服务类型 | **单元3 物流项目开发** | 单元4 物流网络选址 | 单元5 车辆管理

单元6 物流服务管理 | 单元7 物流企业财务管理 | 单元8 物流信息化 | 单元9 物流标准与法律法规

单元3　物流项目开发

学习目标

1. 掌握现阶段我国物流的特征；
2. 掌握广告、电话、网络开发客户适用性及操作流程；
3. 掌握常见的客户开发途径以及它们之间的区别；
4. 掌握物流投标的制作；
5. 掌握客户需求表的内容；
6. 掌握运输、仓储、配送方案制作。

3.1 物流客户开发

3.1.1 物流企业市场定位

市场定位的含义是指企业根据竞争者现有产品在市场上所处的位置，针对顾客对该类产品某些特征或属性的重视程度，为本企业产品塑造与众不同的、给人印象鲜明的形象，并将这种形象生动地传递给顾客，从而使该产品在市场上确定适当的位置。

（1）物流企业市场定位因素

对物流企业来说，市场定位主要包括以下几部分：

■ 经营层面定位

经营层面定位主要是指物流企业经营的内容是什么。按照《物流企业分类与评估指标》国家标准（GB/T 19680—2005）中对物流企业的分类，物流企业可以分为运输型物流企业、仓储型物流企业和综合型物流企业三种类型，也是物流企业的三种经营模式。对各个类型的要求可参照单元一。

■ 核心竞争力定位

核心竞争力是指自身具备的而其他企业没有的能够为企业提供长期竞争力的能力，对于物流企业来说，核心竞争力可以从市场营销中获得，也可以从企业文化中获得。

■ 主导区域定位

物流企业的业务区域可能很广，但一般情况下每一个物流企业都有自己的主导区域，且在该区域占有的市场份额较大，相对于其他区域，在该区域比较容易获得竞争优势。

■ 主导行业定位

主导行业是指物流企业主要服务的客户所处的行业，除了少数大型物流企业之外，大多数物流企业只服务于一个或几个行业，这主要是受到物流企业资本实力和核心竞争力能力的制约，也是市场营销策略的必然选择。

■ 资产能力及服务水平

资产能力是指物流企业的资产水平如何，它直接决定着物流企业是否有能力继续进行市场扩张，能否抵御外来风险。服务水平是从客户的角度出发对物流企业的定位，服务水平的高低将决定物流企业是否容易获得客户的认可。

（2）国家物流企业评级标准

按照《物流企业分类与评估指标》国家标准（GB/T 19680—2005）中对物流企业的评级标准，对物流企业分成 A、AA、AAA、AAAA 和 AAAAA 5 个级别。评估指标包括经营状况、资产、设施设备、管理及服务、人员素质、信息化水平等几个方面，表 3－1 是运输型物流企业的评级标准。

表 3－1　　运输型物流企业评级标准

评估指标		级别				
		AAAAA 级	AAAA 级	AAA 级	AA 级	A 级
经营状况	1. 年仓储营业收入/元/年*	15 亿以上	3 亿以上	6000 万以上	1000 万以上	300 万以上
	2. 营业时间*	3 年以上	2 年以上		1 年以上	
资产	3. 资产总额/元/年*	10 亿以上	2 亿以上	4000 万以上	800 万以上	300 万以上
	4. 资产负债率*	不高于 70%				
设备设施	5. 自有货运车辆/辆*（或总载重量/t）	1500 以上（7500 以上）	400 以上（2000 以上）	150 以上（750 以上）	80 以上（400 以上）	30 以上（150 以上）
	6. 运营网点/个	50 以上	30 以上	15 以上	10 以上	5 以上
管理及服务	7. 管理制度	有健全的经营、财务、统计、安全、技术等机构和相应的管理制度				
	8. 质量管理*	通过 ISO 9001：2000 质量管理体系认证				
	9. 业务辐射面*	国际范围	全国范围	跨省区	省内范围	
	10. 顾客投诉率（或顾客满意度）	≤0.05%（≥98%）	≤0.1%（≥95%）		≤0.5%（≥90%）	
人员素质	11. 中高层管理人员*	80% 以上具有大专以上学历或行业组织物流师认证	60% 以上具有大专以上学历或行业组织物流师认证		30% 以上具有大专以上学历或行业组织物流师认证	
	12. 业务人员	60% 以上具有中等以上学历或专业资格	50% 以上具有中等以上学历或专业资格		30% 以上具有中等以上学历或专业资格	

续 表

<table>
<tr><th colspan="2" rowspan="2">评估指标</th><th colspan="5">级 别</th></tr>
<tr><th>AAAAA 级</th><th>AAAA 级</th><th>AAA 级</th><th>AA 级</th><th>A 级</th></tr>
<tr><td rowspan="4">信息化水平</td><td>13. 网络系统*</td><td colspan="3">货运经营业务信息全部网络化管理</td><td colspan="2">物流经营业务信息部分网络化管理</td></tr>
<tr><td>14. 电子单证管理</td><td>90% 以上</td><td colspan="2">70% 以上</td><td colspan="2">50% 以上</td></tr>
<tr><td>15. 货物跟踪*</td><td>90% 以上</td><td colspan="2">70% 以上</td><td colspan="2">50% 以上</td></tr>
<tr><td>16. 客户查询*</td><td colspan="3">建立自动查询和人工查询系统</td><td colspan="2">建立人工查询系统</td></tr>
</table>

注：①标注 * 的指标为企业达到评估等级的必备指标项目，其他为参考指标项目。

②货运营业收入包括货物运输收入、运输代理收入、货物快递收入。

③运营网点是指在经营覆盖范围内，由本企业自行设立、可以承接并完成企业基本业务的分支机构。

④顾客投诉率是指在年度周期内顾客对不满意业务的投诉总量与企业业务总量的比率。

⑤顾客满意度是指在年度周期内企业对顾客满意情况的调查统计。

3.1.2 常见客户开发途径

目前在物流企业中常见的客户开发途径包括以下几个：

■ 通过广告营销进行客户开发，在广告营销中又分为电视媒体广告营销、平面媒体广告营销、户外广告营销等。

■ 通过电话/传真方式进行客户开发，该方式的客户开发通常与客户拜访同时使用，电话开发客户多是用于前期客户资料的收集，通过配合客户拜访促成交易的完成。

■ 基于 Internet 网络的客户开发，该方式的客户开发是随着网络的兴起而产生的，网络客户开发的方式多种多样，既可以通过网络媒体的方式发布广告，也可以通过诸如专业物流广告发布网、专业物流论坛等网络渠道进行客户开发。

■ 品牌开发，是指物流企业通过各种渠道在消费者心目中建立起自身的品牌形象，再通过品牌形象进行客户开发的一种业务拓展方式。通常品牌开发是一个长期的过程，需要不断地为消费者提供特色性、高质量的物流服务才能建立起品牌效应。

■ 展会开发，是指物流企业通过在一些物流展会上向客户展示自身的服务网络、服务优势等内容获得客户认可的一种客户开发方式。在物流展会上，企业还可以更深入了解企业自身与同行企业的差异，接触丰富的潜在客户资源并借此掌握客户的普遍性需求。

■ 竞标开发，是指物流企业通过向物流招标方投标的方式获得物流业务的一种客户开发方式。通过竞标增加企业在重要商务场合的曝光率，可以使业界更多地了解企业的服务能力，并且竞标的成功将直接带来物流服务的业务。

■ 产业联盟开发，是一种新的业务开发模式。所谓物流产业联盟是指通过联合不同区域的物流机构，整合业界优势资源，突破恶性竞争瓶颈，形成良性的合作关系，以达到资源有效利用，优势有效放大，产业有效集聚，人力有效流动，为物流产业创造新优势，形成新合力的一种组织。而产业联盟开发则是建立在产业联盟的基础上进行的，相对于单个物流企业的市场开发，产业联盟开发更具有竞争力，也更具有规范性。

1. 广告开发客户

广告开发客户是指物流企业通过在电视媒体上投放广告的形式来寻找客户资源的一种客户开发形式。

（1）广告开发客户的适应性

■ 由于该客户开发模式具有初期投入成本高（包含广告制作费、广告播放费用等）、传播速度快、影响范围大等特点，因此适合一些刚成立的物流企业或已有物流企业打开新市场的情况。

■ 广告式客户开发需要投入大量的广告费用，因此，对那些规模较小、财力有限的物流公司并不适合。

■ 受广告播出时间的限制，广告开发客户策略适合物流专业度强的物流公司，能够在短时间内将物流企业的服务特点概括出来。

（2）广告开发客户的操作流程

广告开发客户的操作流程一般会涉及包括播放媒体、广告制作公司等业务主体。具体操作流程如图 3 – 1 所示：

■ 物流企业首先要制定广告营销方案：物流企业需根据自己提供的产品服务和市场定位制作广告营销策略方案，以使广告营销方案可以达到最佳的效果，在此阶段，物流企业要确定广告覆盖的范围、针对的客户群体、广告预算、广告后续跟进等内容。

■ 联系广告播放渠道商，购买相关播放权，如采用电视媒体进行广告播放，此阶段企业要与广告媒体播放企业进行广告谈判，谈判内容包括播放时段、广告时长等细节内容。

■ 物流企业投入资金委托广告公司进行广告制作，在基本确定广告内容和播放时间之后，物流企业委托专业广告公司进行广告策划和制作。

■ 在广告播出后，客户受到广告影响后主动联系物流企业，咨询物流业务。

■ 物流企业向客户介绍公司的服务产品。

■ 物流企业与客户多次交流，为服务合同的签订铺路。

■ 物流企业和客户签订相关物流服务合同。

■ 物流企业对已有客户进行关系维护，以保持客户关系或挖掘已有客户的新服务需求。

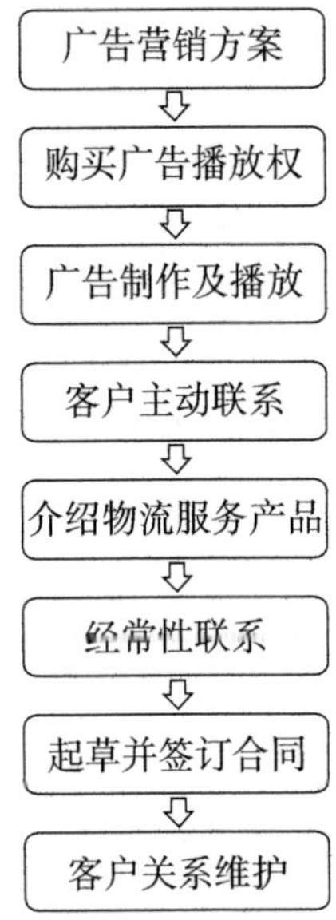

图 3-1 广告开发客户流程

(3) 广告开发客户的注意事项

■ 需要对广告投放客户的定位有清楚的了解。

■ 需要了解物流公司的广告客户及其接受的服务方式和期望的服务产品。

■ 需要有专业的广告公司进行广告策划，并能简明扼要地概括出物流企业的服务特点。

■ 物流公司需有一定的广告媒体投放渠道。

■ 物流公司需要对自己的财力、广告播放时间、时段以及媒体选择等有所考虑。

■ 物流公司可以将自己的广告分批次投放，以了解广告投放的初始效果，以便及时调整广告策略。

2. 电话开发客户

电话开发客户是指物流企业以电话为媒介与客户进行沟通并促成交易的客户开发方式。目前在企业中实施电话销售的形式有以下三种：

■ 企业自建自己的 Call Center，通过自己的电话销售人员来完成销售，采用这种方式的企业一般规模都比较大，电话销售体系比较成熟，属于完整意义上的电话销售。

■ 企业有自己的电话销售人员，但没有 Call Center，只有几条电话线，一般企业规模都较小。严格来讲，不算完整的电话销售，但这类企业一般销售的产品都比较复杂，往往需要高级销售人员的支持和配合才能完成销售，所以，这种电话销售人员更多是起到筛选客户的作用。

■ 企业与一些 Call Center 运营商合作，将自己产品委托给 Call Center 进行销售，属于电话销售外包。这种形式对企业来讲好的地方就是省事，也减少了投资，在初期就将风险降到了最低。只是目前 Call Center 运营商对中国企业来讲还是陌生的概念，所以，这种形式还需要很长的时间才能被大多数企业认同。

（1）电话开发客户的适应性

■ 成本低，比较适合中小型的物流企业。

■ 针对性强，适合为客户提供专业物流服务的功能型物流企业，如国际快递物流公司。

■ 时效性强，适合刚进入市场的物流企业，帮助其快速有效地开拓市场。

（2）电话开发客户的操作流程

电话开发客户的操作流程如图 3－2 所示：

■ 物流企业业务员先从黄页、网页、公司已有客户的名片中获得客户信息。

■ 然后业务员再对这些客户信息进行筛选，以获得有价值的潜在客户。

■ 与客户进行联系，并介绍公司的服务产品。

■ 与客户多次交流，以便为服务合同的签订铺路。

■ 和客户签订相关物流服务合同。

■ 物流企业对已有客户进行关系维护，以保持客户关系或挖掘已有客户的新服务需求。

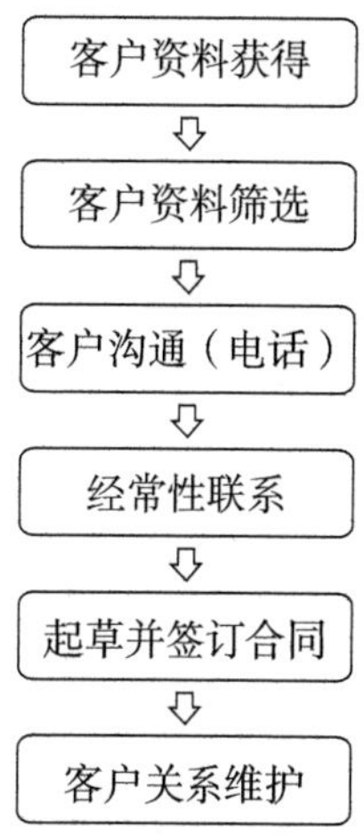

图 3－2　电话开发客户流程

（3）电话式客户开发的注意事项

■ 物流公司的电话营销需要有一套完整、合理的潜在客户筛选标准，以保证有效客户不被错误地筛选掉。

■ 电话方式的客户开发人员需要有很强的语言沟通能力。

■ 电话方式的客户开发人员需要有很强的应变能力，以应对客户提出的各种问题。

■ 电话方式的客户开发人员需要有很强的心理承受压力能力，以应对不同的客户需求。

3. 网络开发客户

（1）网络开发客户的适用性

Internet 营销是一种新型的主流营销模式。Internet 营销在物流企业中的应用有三种：

第一种是架设网站、Blog 广告，这种方式的效果与前面所述的广告客户开发模式具有相同的特点；第二种是基于 E－mail、IM（即时通信软件）工具与潜在客户主动联系，这种方式与电话客户开发模式的特点类似；第三种是基于网络商务平台展开的营销，如阿里巴巴 B2B 电子商务平台、慧聪网等，这种方式是通过专业的网络商务网站发布供应信息，买家通过浏览网络商务网站寻找供应信息，进而促进双方的交易。Internet 客户营销除了以上一些特征外，还具有成本低等优势，因此对一些资金有限的物流公司，可以选择 Internet 营销作为切入点来发展客户。

（2）网络开发客户流程

1）介绍架构网站、Blog 式开发客户流程，如图 3－3 所示：

■ 物流企业先制定 Internet 营销方案。

■ 和 IT 公司合作进行网站广告、Blog 广告的策划。

■ IT 公司负责设计、架设物流公司在相关网站、Blog 上的广告。

■ 客户如对物流公司的 Internet 广告有兴趣，会主动联系物流公司。

■ 物流公司向客户介绍公司的服务产品。

■ 与客户多次交流，以便为服务合同的签订铺路。

■ 和客户签订相关物流服务合同。

■ 物流企业对已有客户进行关系维护，以保持客户关系或挖掘已有客户的新服务需求。

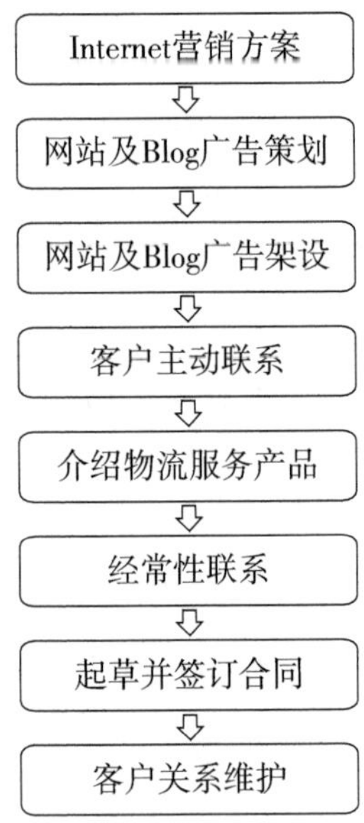

图 3－3　网络开发客户流程 A

注：一般在网站、Blog 式的客户开发中，还包括网站推广这一环节，即通过谷歌、百度、阿里巴巴等搜索引擎或者与专业的物流网站合作的形式，让客户比较容易获得网站的信息，这一点在现代网络营销中越来越重要。

2）介绍基于 E－mail、IM（即时通信工具）方式的客户开发流程，如图 3－4 所示：

■ 物流企业业务员先从黄页、网页、公司已有客户名片中获取客户信息。

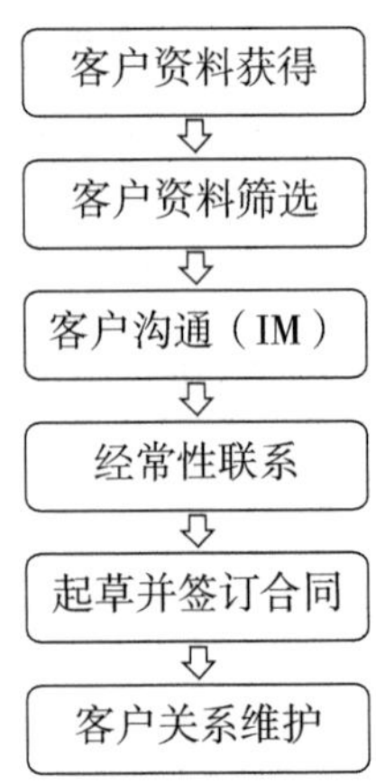

图 3－4　网络开发客户流程 B

■ 然后业务员再对这些客户信息进行筛选，以获得有价值的潜在客户。

■ 通过 E－mail、IM 与客户进行联系，并介绍公司的服务产品。

■ 与客户多次交流，以便为服务合同的签订铺路。

■ 和客户签订相关物流服务合同。

■ 物流企业对已有客户进行关系维护，以保持客户关系或挖掘已有客户的新服务需求。

3）介绍基于网络商务平台的客户开发流程，如图 3－5 所示：

■ 寻找合适的网络商务平台，由于物流服务的特殊性，该类型的商务平台多为专业性的物流供需信息发布平台，例如中国物通网。

■ 注册会员，有些商务平台属于免费发布信息，有些则需要交纳一定的会员费，才能享有更好的信息发布权利。

■ 发布供应信息时，要尽可能地突出自身的特点。

■ 客户主动联系，在供应信息发布后，具有同样需求的客户通过浏览该供应信息获得企业的联系方式，进而主动联系，促成交易。

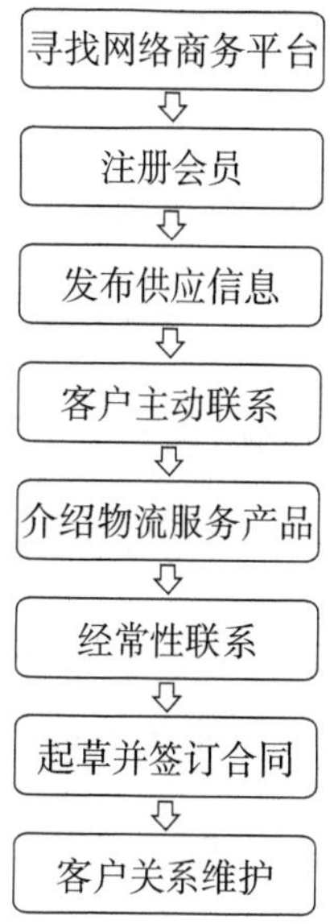

图 3－5　网络开发客户流程 C

■ 物流公司向客户介绍公司的服务产品。

■ 与客户多次交流，以便为服务合同的签订铺路。

■ 和客户签订相关物流服务合同。

■ 物流企业对已有客户进行关系维护，以保持客户关系或挖掘已有客户的新服务需求。

（3）网络开发客户注意事项

■ 互联网（Internet）的网站、博客（Blog）广告需要经常有人员维护，以便广告和物流企业的服务产品现状相吻合，同时也可及时发现系统故障避免 Internet 广告无法被客户访问的异常情况发生。

■ 互联网（Internet）广告需要经验丰富的美工、软件开发人员来设计，以便有效、广泛地吸引到客户群。

■ 当物流公司使用 E－mail、IM（即时通信软件）营销时，物流公司需要有一套完整、合理的潜在客户筛选标准，以保证有效客户不被错误地筛选掉。

■ 选好域名：域名具有唯一性，选好与自己企业形象和名称相符的域名可独家享用“一生”。

■ 选择最适合企业的服务器：可自架服务器，委托服务器托管，还可以租用虚拟机。根据自己的需要跟经济实力选择企业最适合的服务器。

■ 在网络营销的基础上做网站整体策划与网页设计。

■ 切勿堆叠图片，制造了美，却跑了顾客。过多的图片或累赘的修饰会影响网站响应速度，也会影响顾客体验的心情。

■ 注意网络无国界：可以考虑多种语言版本。

■ 合理利用网站空间：用户不喜欢的功能，即使花了再多精力也要去掉。

■ 内容不是越多越好，内容要体现专业性和权威性，海量的信息容易给人造成二流企业的感觉。

■ 及时更新内容：一个网页内容一成不变的网站容易让人认为这个企业没有进步，没有发展，因此不会愿意与该企业合作。

■ 大力宣传，提高网站知名度。

■ 回复客户的询问不要超过 24 小时。

4. 其他客户开发模式介绍

（1）品牌开发

品牌开发是指物流企业通过各种渠道在消费者心目中建立起自身的品牌形象，再通过品牌形象进行客户开发的一种业务拓展方式。

品牌客户开发的流程，可以分为品牌形象确立、品牌形象推广、品牌销售和品牌管理四个环节。

■ 品牌形象确立：是物流企业实施品牌开发客户的第一步，是建立在物流企业定位的基础上确立的，如区域知名物流企业、国家知名物流企业、国际知名物流企业，再或者是某个行业的知名物流企业，某个领域的知名物流企业等。

■ 品牌形象推广：品牌的确立是在传播的基础上进行的，因此，在确立品牌形象之后要进行品牌的推广。品牌推广的方式有很多种，如通过电视、广告、展览会等。从某种角度来说，电视、广告、展会等客户开发是一个短期的过程，品牌开发是一个长期的过程，而品牌形象的建立离不开短期客户开发的实施。

■ 品牌销售：在建立起品牌形象之后，就可以进行品牌销售。对于物流企业来说，品牌销售的重点在于销售渠道的建立，让客户更容易获得企业的服务。

■ 品牌管理：品牌的建立是一个长期的过程，品牌管理则是在品牌形象建立的基础上进一步延伸，包括品牌形象维护、销售渠道维护等内容，通过品牌管理使物流企业获得良好的、可持续的品牌形象。

品牌开发客户的重点在品牌形象的建立，如何在消费者心目中建立起正面的品牌形象是实施品牌开发客户的关键，因此在实施品牌开发客户时，要注意以下几个方面：

①质量第一

服务质量对于品牌形象来说永远都是第一位的，只有让消费者获得高质量的物流服务，才能在消费者心目中建立起正面的品牌形象。

②诚信至上

消费者之所以相信某个品牌，来源于消费者对这个品牌的信任。对于物流企业来说，赢得客户的信任并不仅仅来源于好的服务质量，还来源于对客户承诺的完成程度，因此在实施品牌开发时，要充分了解自身的能力，在了解的基础上才能承诺客户的要求。

③定位准确

企业品牌的建立要在企业自身定位准确的基础上进行，否则品牌形象的建立就无从谈起。对于企业的定位是多方面的，如区域定位、行业定位等。

④巧妙推广

确立自身的品牌定位，也就明确了自身服务的对象群体。在进行品牌推广时，就可以做到有的放矢，通过服务对象群体进行分析，确定合适的推广方式。

（2）展会开发

展会开发是指物流企业通过在一些物流展会上向客户展示自身的服务网络、服务优势等内容获得客户认可的一种客户开发方式。

展会开发客户的一般流程包括以下几个部分：

①明确参展目标

物流企业参加展会的最终目的是为了开发客户，但参加展会的本身并不一定是为了开发客户，很多时候是为了后续的开发客户而参展的，如收集展会的客户信息等。

②研究并选择展会

不同的参展目标就需要参加不同的展会，如有的展会是为了提升企业形象，有的展会则是为了收集客户信息，而有的展会则是为了与客户签单。因此，在参加展会时，要根据参展目标研究展会的性质，从而确定是否参加展会。

③参展前准备

物流企业在参加展会前，要做好充分的参展准备，如参展人员的培训、展位的选择、展位的设计与布置以及向客户发送参展信息等。

④展后跟踪

在参加完展会之后，要注意展会信息的收集、整理、筛选和分类，筛选出对自身有用的信息后进行客户跟踪、潜在客户备份等工作。

（3）竞标开发

竞标开发是指物流企业通过向物流招标方投标的方式获得物流业务的一种客户开发方式。

物流招投标流程总体可以分为招投标前期准备、投标方评价和最终的商务谈判及合同签订三个步骤。具体的招投标流程如图 3 – 6 所示。

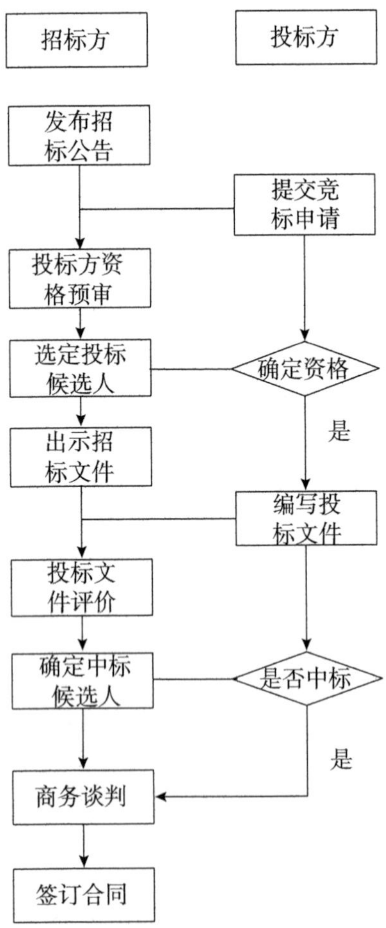

图 3 – 6　招投标流程

■ 招投标前期准备。

• 招标方发布招标公告。

• 投标方通过各种途径获得招标信息，向招标方提交竞标申请。一般情况下招标方会将招标公告发布在专业的招标网站或自身的门户网站上，投标方在获取招标信息时注意信息的收集和筛选。

■ 投标方评价。在投标方向招标方提交竞标申请后，招标方会根据投标方的企业实力进行投标方评价，通过该评价来确定投标方是否有竞标资格。

■ 商务谈判，在最终确定投标方之后，招投标双方开始进行商务谈判，以确定最终的合同细节部分。

对于物流企业来说，投标处理的好坏将直接决定能否成为物流服务方。一般情况下，招标人在招标文件中会详细注明参与竞标企业的要求，投标的物流企业对招标方的要求做出详细说明即可，一般包括以下几个方面：

■ 投标方物流企业符合招标文件中对投标方企业资质的要求，如：投标文件中规定参与竞标的物流企业注册资金不得低于500万元、有快速消费品物流经验、拥有自己的车队、车队规模不得低于某个数量等。

■ 投标人的报价，一般招标文件中对价格也会有规定，竞标价格不能高于市场价格，也不能低于市场价；否则，按废标处理。

■ 投标人的相关商务文件，招标方会对投标的第三方物流企业所拥有的相关商务文件作出规定，如需要提供营业执照、税务登记证、其他资质证明等。

在投标过程中，除了上述几个比较重要的问题外，还包括投标文件中相关方案的制作，一个好的物流项目提案可以帮助客户明确了解自身，帮助客户解决问题，带来价值，让投标物流企业从众多投标方中脱颖而出。

一般物流项目提案制作应遵循详细、明确、真实三个原则：

■ 详细：在企业进行物流招标时，除了物流企业的硬性指标外，招标方更关心物流企业的服务能力，有的企业会在招标文件中注明一些有关服务能力的说明，所以投标物流企业在制作项目提案时，要尽可能详细地告知客户自己可以帮助解决的问题。

■ 明确：物流企业在做项目提案时，经常会涉及如运输时效、月盘点差异率、发货准确率等关键指标的制定，这些指标的制定要清晰明确，让招标方清晰地了解到投标物流企业物流管理的能力。

■ 真实：真实是指投标物流企业在制作项目提案时，一些指标的制定或者其他的物流能力要真实准确、不能为了获得招标方的认可而编造虚假信息。

（4）产业联盟开发

产业联盟开发，是一种新的物流业务开发模式，具体可以通过物流企业共同投资建设物流设施设备（如转运站、物流中心等），共同获取收益。通过该模式的应用，可以更好地达到物流资源整合，物流优势有效放大，避免物流企业间的恶性竞争，规范物流市场秩序。物流产业联盟的核心竞争力可以体现在以下几个方面：

■ 提升物流企业的知名度、扩展物流关系网络，促进物流企业业务量的持续发展。

■ 增加异地配送网络，增加代办业务和自有业务。

■ 实现异地点对点的车辆共享服务，实现货运资源优化配置。

■ 增加集货渠道，增加代收货款服务。

■ 实现异地放车诚信保障，减少停车风险。

3.1.3 客户开发途径比较

七种客户开发途径中，基于 Internet 网络的客户开发方式是成本最低的一种。而通过电话/传真方式进行客户开发是最具时效性、最有针对性的一种，业务员可以通过这种方式第一时间了解客户的需求，以进行应变和需求挖掘。广告式的客户开发具有一定的延时性，而且初期投入成本也比较大，但其具有受众面广的开发效果。表 3－2 分别从成本、时效性、针对性、内容、适应性、易接受性和传播特点七个方面对所有开发途径进行比较。

表 3－2　　客户开发途径比较

开发模式	成本	时效性	针对性	内容	适应性	易接受性	传播特点
广告方式	高	较快	一般	丰富	提高知名度	强	点对面
电话方式	低	快	强	单调	快速占领市场	弱	点对点
网络方式	较高	慢	一般	丰富	提高知名度	较强	点对面
品牌开发	高	慢	较强	—	提高知名度	—	点对面
展会开发	低	快	较强	丰富	快速占领市场	强	点对面
竞标开发	低	较慢	强	单调	快速占领市场	强	点对点
联盟开发	低	—	强	—	物流业务延伸	—	—

物流企业在选择客户开发途径时，要根据自身物流特点、市场占有率、市场知名度等多个方面进行分析，制定合理的客户开发策略。在实践中，如以快递行业为例，像 DHL、UPS 及联邦快递等全球性的快递公司会选择在影响范围广的频道播放电视广告来提高市场知名度，通过提高市场知名度来获得客户的认可。而对于中小快递企业来说，通过媒体播放电视广告来获得市场份额显然是不恰当的，一方面是成本因素；另一方面是电视广告的针对性不强，无法帮助中小企业快速获得一定的市场份额来维持企业的正常运转。

3.1.4 客户开发的策略选择

物流企业选择何种客户开发策略，需要考虑很多因素，如当地物流市场成熟度、当地物流环境、消费者习惯等。所以，物流企业在制定客户开发策略时，要从以下几个方面进行分析。

（1）物流市场分析

物流企业在进入某个区域进行客户开发时，首先要对当地的物流市场进行分析，一般包括：

■ 物流市场规模分析，即该地区每年的物流需求总量。由于物流产品本身所具有的特性，在考察物流市场规模时，一般从当地企业数量、企业类型、当地产业类型等情况进行调查，通过企业规模来确定物流市场规模。

■ 物流市场构成分析，即该地区的物流市场有哪些物流公司，每个物流公司的规模大小，占当地物流市场的份额等。

（2）消费者分析

物流消费者是物流服务的主体，因此，在进行客户开发时，只有正确的客户开发策略才能获得消费者的肯定。

■ 物流消费群体分析，对物流企业而言，只有对自身产品有需求的客户才是真正的客户，在进行消费群体分析时，要明确哪些客户是应该重点开发的，哪些是潜在消费客户等。

■ 物流消费者获取信息途径分析，受到不同地区经济发展水平及习惯的不同，每个地方的消费者可能会通过不同的途径获得物流产品信息，物流企业在进行客户开发前，需对当地物流消费者获取信息途径进行调查，才能选择有针对性的客户开发策略。

(3) 物流产品分析

物流产品分析是指物流企业对自身物流服务进行综合分析，来确定与其他竞争者之间的区别，一般包括：

■ 物流产品定位分析，定位分析主要是对物流产品在整个物流市场所处的层次进行分析，如是全国性物流公司，还是地方性物流公司；是以服务于零售行业为主，还是医药行业为主；是仓储型物流公司还是综合型物流公司等情况。

■ 竞争者物流服务分析，主要是对市场上存在的主要竞争者的服务质量、服务特点进行分析，通过竞争者分析，来确定客户开发的目标群体，进而确定客户开发策略。

通过上述分析，可以确定目标客户群体、当地消费者行为习惯、竞争对手服务情况等内容，进而帮助物流企业选择合适的客户开发策略。

一般情况下，物流企业刚开始进入市场进行客户开发时，广告式的客户开发可能更具有成效，它能让人们在短时间内知道某个新物流公司的品牌及其服务理念。当在市场中形成一定的品牌效应后，电话/传真以及 Internet 客户开发模式可以进行点穴式的客户开发，其相对广告模式具有一定的针对性，且开发成本也相对较低。但这两种客户开发模式都需要投入一定量的人力资源，以保证有足够多的客户可以在第一时间被挖掘。

3.2 物流投标

物流投标一般存在于物流招投标项目中，对它的理解可以从以下两个方面进行：

■ 物流投标是一个过程，是物流服务方根据物流服务需求方提供的招标文件，编写投标文件并提交投标文件的过程。

■ 物流投标是一个文件，是物流服务方根据物流服务需求方提供的招标文件，设计编写出来的具有针对性的文件，也可以理解成上面的投标文件。

3.2.1 物流投标的一般性内容和要求

(1) 一般性内容

企业物流投标的主要内容一般应包括以下这些方面：

①提案的基本目标

提案的基本目标包括方案的宗旨和服务的承诺，需描述客户所需的物流服务能力，如年配送华东地区 100 万箱易碎货品等。

②企业物流资源和优势的介绍

这部分主要介绍物流企业在物流设施设备硬件、软件方面的资源，在管理制度方法上的优势，还可介绍之前成功服务客户的经验以及被服务客户的介绍。

③企业物流服务模式

需要详细描述物流服务各子模块的具体运作方法，例如，配送子方案、仓储子方案等，该部分是整个提案的重点，需要充分体现物流企业的能力。

④物流信息服务模式

由于信息是物流的灵魂，尤其需强调为客户提供的信息服务，例如，在线下单、配送状态查询以及统计报表的导出和其他数据服务等。如果客户本身有物流信息系统，那么就可能会涉及双方信息系统的接口问题。

⑤服务报价

服务报价一般可以通过“成本 + 利润”的方式来计算，或者通过市场行情并结合之前的经验来报价。如果客户需要，还要提出总体报价、分项报价和特殊操作费用等。

（2）注意事项

为避免后续的纠纷，在提案中一般需要明确以下事项：第一，提供物流服务的绩效指标及考核方法，例如，准时送货率、差错率、货损率等，明确这些指标的含义和考核方法；第二，对于特殊服务所需收取的合同外费用也需明确提出并双方确认，例如某些货品装卸困难，需要特殊装卸设备，又或者某些货品需要进行额外包装加固等；第三，如有可能，可提供几套方案供客户选择，以增加提案成功的几率。

3. 2. 2 物流投标制作

在做物流投标时，要明确物流投标并不是最终的物流方案。物流方案的设计是在合同签订之后，对客户现有物流量、物流绩效等数据进行调研的基础上设计出来的详细解决方案。而物流投标更多的是一种结果性描述，如，运输时效为 2 天，发货准确率控制在每月 99. 5% 以上等。具体如何控制这些指标的完成，在物流投标中可以简单介绍，并不会详细说明。下面以一个物流投标的制作方法为例：

某销售型公司，下设有上海、南京、武汉、郑州、合肥、杭州、南昌、济南、福州几个配送中心，各个配送中心的辐射范围为本省，在物流招标时，对投标文件的要求如下（部分内容可以上述配送中心的某一个为代表进行说明）：

■ 公司物流网络、网点下的仓库类型、配送车辆数量等硬件基础设施。

■ 公司使用的物流软件是什么，具有哪些功能。

■ 主要仓库布局图，说明仓库的物流流向、动线是如何设计的。

■ 仓库保管方案，如何确保仓库货物的安全、多长时间组织一次盘点，盘点方法是什么。

■ 主要数据指标，如各网点之间运输时效、各物流网点的市内配送时效、辐射区域的主要城市（以地级市为标准）配送时效、盘点差异率、发货准确率等。

■ 收费方案，运输费用和仓储费用的计费方式。

投标物流企业在设计物流投标时，可以依照招标文件的要求对每一个客户关心的问题进行详细解答，并尽可能地说明自身优势，依据该招标文件作出的物流投标如下所示：

（1）公司物流网络设置及各网点下的硬件配置

①公司物流网络介绍

某公司总部在上海，下属上海、武汉、天津、沈阳、西安、重庆及广州 7 大分公司，覆盖华东、华北、东北、华中、华南及西部主要大中型城市，图 3－7 是公司的物流网络

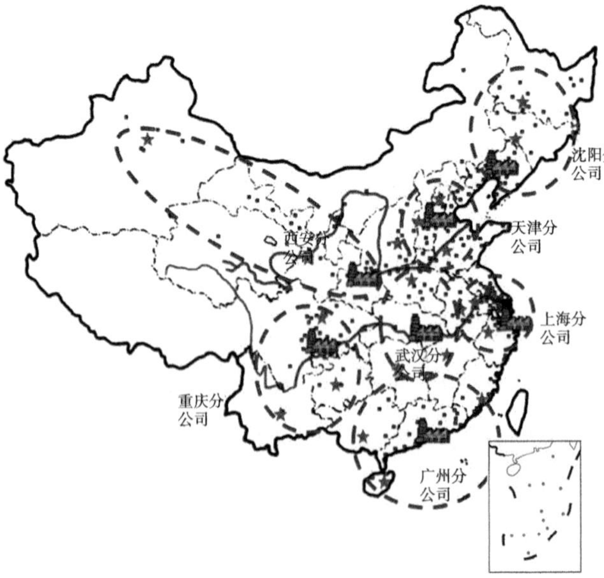

图 3－7　物流网络覆盖示意

覆盖图，每个办事处覆盖范围为红圈所涵盖的省份。所以，某公司物流网络除能满足客户现有物流业务之外，还能满足客户在未来几年的业务增长需求。

②分公司基础设施介绍

图3-8和图3-9分别是武汉分公司物流中心外景图和内部图，各个分公司和办事处的物流中心大小会因为需求数量的差异性而有所不同，但每个物流中心的规划面积均大于现有的建筑面积，保证了物流中心的可扩展性。物流中心内部配置均采用5层高架立体库，并配有高位拣选叉车、电动托盘车等物流设备，满足出库、入库及盘点的需要。每个配送中心均配有满足物流中心所在城市的配送车辆，对于该城市外的其他地区，均采用与当地主要物流商结盟的形式来满足各地物流的需要。

图3-8　物流中心外景

图3-9　物流中心内部

（2）物流相关软件介绍

该公司在物流软件上采用先进的运输管理系统（Transport Management System，TMS）和仓储管理系统（Warehouse Management System，WMS）相结合的方式来进行运输管理和仓储管理，同时，为满足客户对先进先出、高发货准确率等的要求，该公司在WMS基础上，配有RF及CAPS系统，以提高入库、出库及盘点效率，降低差错率。同时该公司TMS和WMS系统均可以与客户现有的ERP系统进行连接，可以让客户及时掌握库存状态、出入库状态、运输状态等信息，每日生产排程（Daily Production Schedule，DPS）、直连式存储（Direct-Attached Storage，DAS）拣货作业图及操作界面如图3-10和图3-11所示。

（3）仓库布局图及动线设计

由于某公司客户主要是快速消费品行业，所以，所有仓库的布局及动线设计均按满足快速消费品的物流特征设计，图3-12是仓库布局及其动线图（仍以武汉仓库为例）。

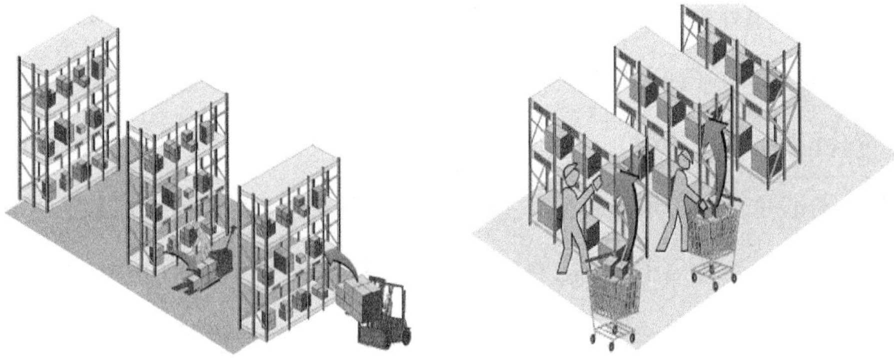

图 3－10　DPS 及 DAS 拣货作业

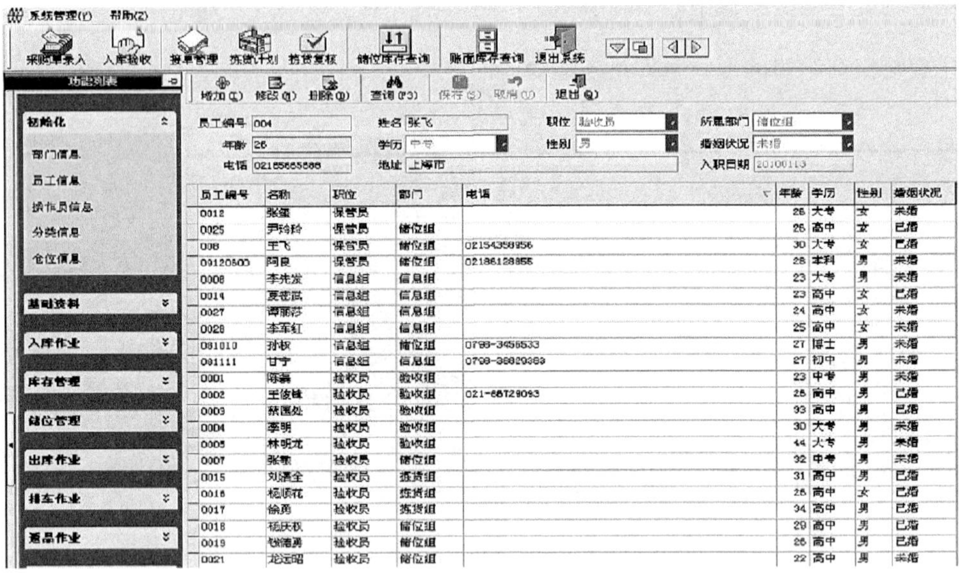

图 3－11　WMS 系统界面

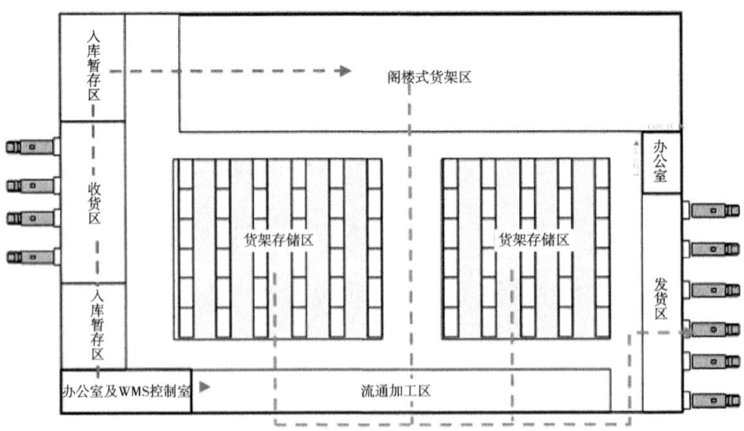

图 3－12　仓库布局及其动线

在仓库布局上，考虑到快速消费品的产品特征，设有立体货架和阁楼式货架，用于满足不同重量、不同体积的产品需求，同时也设置了诸如入库暂存区、流通加工区、收货区、发货区等功能区域，用于满足物流中心对各个功能的需求。

（4）仓库保管方案

①货物安全方案

为保证仓库的货物安全，在物流中心大门的出入口处装有监控设备，并严格实行出入登记制度。同时，在仓库的每个卸货口、发货口、仓库各个角落、货架通道区域都装有监控设备，用于满足仓库安全的需要。在仓库的存储区内，装有温湿度控制器，并实行每天的仓库温、湿度登记制度，用于保证仓库内货物处在理想的温、湿度条件下。仓库的建设严格按照国家消防有关规定来进行，内外均有消防设备，并实行定期维护和检查制度。

②盘点方案

为保证对出入口货物的严格控制，在组织盘点上，公司会配合客户组织的年终盘点，除年终盘点外，该公司还会每月组织一次盘点，并将盘点结果以书面形式告知客户。为了加强对货物的控制，该公司还会组织员工每天进行一次变动盘点，对当天的出库和入库产品进行盘点，并与账目进行核对，确保严格控制出入库货物的种类、数量能够与账面上的出入库产品种类和数量一致。

（5）主要数据指标

在主要数据指标上，该公司可以与客户就指标种类和指标数值进行协商，确保能够满足客户对物流各项服务的要求，下面是该公司的主要数据指标：

①运输管理指标

■ 运输时效指标

该公司运输以陆运为主，同时也可按照客户要求采用空运或者铁路运输，在陆运时效上，可参考某公司公路运输时效表，如表 3－3 所示。

表 3－3　　公路运输时效表

始发站	目的站	路线/时效（小时）	总时效（小时）
珠三角	上海	南昌/10→杭州/18→上海/22	22
上海	珠三角	杭州/4→南昌/12→珠三角/20	20
珠三角	北京	济南/24→天津/30→北京/33	33
北京	珠三角	天津/2→济南/8→珠三角/30	30
珠三角	北京	长沙/10→武汉/16→郑州/22→石家庄/27→北京/32	32
北京	珠三角	石家庄/4→郑州/5→武汉/5→长沙/6→珠三角/29	29

续 表

始发站	目的站	路线/时效（小时）	总时效（小时）
珠三角	西南	南宁/12 →贵阳/22 →重庆/32 →成都/36	36
西南	珠三角	重庆/4 →贵阳/9 →南宁/9 →珠三角/34	34
珠三角	长三角	合肥/18 →南京/22 →常州/24 →无锡/30 →苏州/30 →昆山/30	30
长三角	珠三角	无锡→常州/5 →南京/2 →合肥/4 →珠三角/29 苏州→ 昆山→	29
上海	北京	济南/10 →天津/15 →北京/16	16
北京	上海	天津/1 →济南/5 →上海/14	14

对于需要中转的货品则需要在现有基础上加上 24 小时。在此时效下，该公司可以保证在陆运条件下，分公司区域内部城市间配送 97% 以上达标，分公司城市之间的调货则保证 95% 以上达标，物流中心所在城市市内配送 99% 以上达标。至于空运和铁路运输时效和达标率另作考核。主要考核指标分为运输管理指标和仓储管理指标。

■ 运输管理指标

运输破损率指标：为严格控制货物在途破损，特设置此指标，市内配送的运输破损率控制在 0. 2% 以内，市外运输的破损率控制在 0. 5% 以内。

送货准确率指标：送货准确率是指收货人收到的货物与出库单上收货人的货物在货物数量、货物种类上是一致的，送货准确率指标设定市内配送控制在 0. 1% 以内，市外运输控制在 0. 06% 以内。

运单签收合格率指标：该公司在配送过程时，只按照客户提供的地址送货，对于需要改签地址的要客户相关人员与我方人员进行确认，方能改变送货地址，在运单签收要求上，可以根据客户要求来做，如需要收完货之后由收货人本人签字并加盖收货专用章，且只有收货专用章有效。该公司会保证每月的运单签收合格率为 100%，且于 45 天之内将签单送与客户检查、备案、签收。

②仓库管理指标

■ 盘点差异率指标

为保证货物与账面保持一致，在每月盘点中，统计账面与实物不符所占的比例，称为盘点差异率，如某公司将盘点差异率控制在 0.2% 以内。

■ 管理报表提交及时性指标

为配合客户加强物流管理，某公司会每周提供一次仓库管理报表，报表内容包括盘点差异率、仓库破损统计、账外物资统计等仓库管理内容，该公司保证每周一早上 10：00 之前将该报表发于客户相关人员。

■ 仓库破损率指标

仓库破损是指在仓库作业或者仓库管理上因操作不当或者管理不当造成的货物破损，某公司将该指标控制在 0.5% 以内。

（6）收费方案

①运输收费方案

该公司运输费用的制定以运输常见计费方法来计算，将货物分为重货和泡货两种，其中重货以重量计费，泡货以体积计费。对于地处离市区较远地方的客户，该公司将根据距离远近加收 50 ~ 100 元不等的超远距离配送费。具体各城市之间的运输单价不再列举。

②仓租收费方案

在仓租收费方案中分为仓库租用费用和仓库管理费用两种。

■ 仓库租用费用：该公司按照固定面积方式出租仓库，以每月每平方米 30 元为单位，同时，考虑到客户产品的波动性，该公司可提供租用临时仓库服务，临时仓库以每月每平方米 40 元计算，用来缓解客户在需求高峰期时仓库紧张现象。

■ 仓库管理费用：仓库管理费用包括条码管理费和流通加工费两种，其中每月条码管理费以每月入库所扫描条码数量乘以单个条码管理费，单个条码管理费该公司以每个 0.5 元计算。流通加工费根据流通加工种类和数量、价格的不同，可通过协商确定协议价。

3.3 需求调研

3.3.1 仓储调研

当物流供应方与需求方达成合作协议后，在仓储服务方面首先要确定客户是否需要仓储服务，如果需要仓储服务，那仓储服务的类型是什么，服务内容包括哪些等。这就需要对客户的基本资料进行调研，调研的数据包括以下几个方面：

■ 客户商品种类。

■ 商品属性，商品属性包括商品的名称、体积、数量、商品是否容易变质等。

■ 每种商品的出入库频率。

■ 客户需要单点仓储还是多点仓储。

■ 每种商品的平均库存量、最高库存量及最低库存量（可调用过去2~3年的数据）。

■ 要达到客户的要求，物流企业本身需要多大的仓储空间。

3.3.2 运输调研

关于运输服务，首先要了解客户是大范围、大批量运输还是小批量、小范围的配送；确定之后，就要对客户货品运输的具体要求及现况进行调研。运输调研的内容主要包括以下几个方面：

■ 货物的配送范围，是同城配送还是远距离运输。

■ 客户期望的运输时效。

■ 对配送车辆的具体要求。

■ 各个仓库每月的平均发货量、最高发货量及最低发货量（可收集最近1年的数据）。

■ 各个仓库覆盖范围的买方客户分布，每个买方客户每月的平均订货量、最高订货量及最低订货量。

■ 各条运输或配送线路的路况。

■ 配送或运输成本。

■ 各仓库之间是否有调货，满足异地买方客户需求的调货方式是先调至异地买方客户所在地仓库，然后由该仓库负责配送，还是采用调货直发方式直接送至异地买方客户。

■ 运输产品的属性如何，运输过程中是否容易破损，是否有特别需要注意的地方。

■ 现有运输的包装方式，如何跟踪包装后的货物。

■ 客户信息系统能否与物流信息系统实现对接，保证数据及时准确地传输。

3.3.3 运作流程调研

运作流程调研主要针对物流作业程序及时效，提出具体的作业标准，双方依照标准执行：

（1）通知入库

■ 由客户自主安排入库事宜，货品入库的前一天需将货物明细传给物流供应方（即第三方物流公司），通知物流公司进货。

■ 如果第三方物流公司在入库时发现客户的货品有规格不符及包装破损、凹陷或遭破坏痕迹等因素，则可以拒收并回报给客户。

（2）通知出货

客户每日在确定的时间点之前传输出货相关数据，时间点要符合实际情况，为第三方物流公司提供足够的时间备货；第三方物流公司在当日下午按照客户要求进行备货。

（3）货品送达

根据货品数量、运输路程和货品的特殊要求，选择不同的配送方式。

■ 共同配送：如果货品数量较少，该货品与其他客户的货品接触不会发生反应，则选择共同配送。共同配送分以下两种：

- 一段式共配——仅限本市区或近距离配送。
- 二段式共配——货品调拨至转运中心后，由转运中心安排发货。

■ 单点直送：由物流中心直接发货，配送至客户端。

如果货物数量较多或者货物有特殊要求，可以采用单点直送的方式进行配送。

（4）配送时效

■ 当日到货

对于距离较短，时效要求较高的货品，根据客户要求达到当日到货。

■ 限定时间内到货

对于远距离或者对时效要求较低的货品可采用限定时间内到货。

（5）签单转回

供需双方共同讨论签单转回的方法，物流需求方的客户收货签收后的签收单，第三方物流公司将签收单送回物流需求方公司的方式及时间限制。

（6）物流服务费

1）仓储部分

■ 卸柜费。

■ 保管费（含仓租及库存账务管理）。

■ 流通加工费。

2）配运部分

■ 一段式共同配送收费标准。

■ 二段式共同配送收费标准。

• 转仓费。

• 单箱价格：按照上述一段式的共配模式的 ABC 区方式及箱数计价。

■ 一段式单点直送收费标准。

其他配送费用补充说明：

• 顺道收退及拒收回程每箱运费比照出货计价（无最低收费）。

• 专程收退运费比照出货计价。

• 卸货点如有合约规范以外的收费（如：堆高机作业费用），事先回报。

• 卸货点须上下楼层（含电梯）每箱需另加收人工搬运费。

• 下货点大车无法进入者或车道狭窄因卸货停车引起抗议、禁止货车驶入区域者，须另行处理，每箱另加收费。

3）取/回签收单费

4）验收单或正本签回单

客户验收单或正本签回单，无论任何原因，若物流供应方疏失，导致甲方应收账款无法收到，则视为货物遗失赔偿。

（7）货品安全

■ 物流供应方应善尽保管的责任，除不可抗力等因素外，若有短失，应负赔偿责任。物流需求方存放的货品，不得为非法品，否则自负全责。

■ 货品进出库，物流供应方应以先进先出为准则。

■ 物流供应方不得私自将物流需求方的货品进行买卖，或未得物流需求方出货单就私自配送，若查核属实，物流供应方须无条件接受物流需求方提出的市场利润上的损失赔偿。

（8）配送损害

承运途中若发现货品短缺、损毁或因为物流供应方疏忽造成签回单与送货量不符时，物流供应方应负全责，并按物流需求方托运物品的员工价进行赔偿。

（9）库存对账

物流供应方每天向物流需求方提供当日库存明细（含成品及相关未加工零组件等），物流需求方每日出货须提供出货单及出货明细总表给物流供应方确认回签。

（10）请款方式

双方共同商定每月的结账日期，以及遇到节假日的处理方法，结账附带的单据以及结账的支付方式等。

3.4 方案设计

客户信息调研成功之后，就要对各种物流服务进行报价，为了在服务及价格上取得竞争优势，要对运输（或配送）及仓储等进行方案设计。方案设计结束后，根据计算结果对客户进行报价。

3.4.1 仓储方案设计

仓储方案设计的流程如图3－13所示。

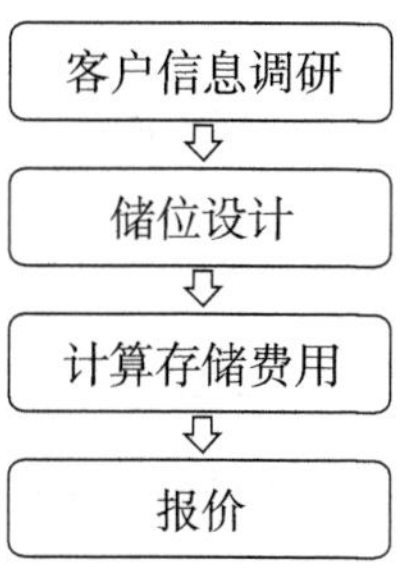

图3－13 仓储方案设计流程

（1）客户信息调研

客户信息调研主要是针对客户货品储存信息，如货物库存量、进出库频率、货物属性等，进行调查和研究。

（2）储位设计

储位需求设计包括两个方面：第一是需要多大的存储空间，包括总的需求空间和每个商品的需求空间；第二是该种商品应该存放在仓库中的位置，即储位设计。

①需求空间设计

■ 存储区需求面积计算

• 计算在库物品的平均库存量。

• 了解存储物品的特性，如重量、体积等，确定物品的存储方式。一般存储方式包括货架存储和堆垛存储两种方式。

■ 估算其他区域面积

其他功能区域包括发货区、收货区、理货区、加工区、配装区等功能区域及员工休息室、卫生间、设备存放区、办公室等辅助功能区域，这些区域面积的确定受到仓库作业及物流企业客户所属行业的影响，如有些仓库服务的对象属于多批次、小批量的配送，理货区的面积要大一些；有些需要隔日配送，配装区的面积要大一些，这些面积大小的确定可以根据以往的经验进行判断。

■ 仓库总需求面积的确定

通过对仓库存储区域面积的计算及其他功能区域和辅助功能区域面积的估算，汇总各个面积之和，可以计算出仓库总需求面积。

②储位设计

在进行储位设计时，首先要了解商品存放的方法和原则。

商品存放的方法有两种：一种是商品群系统方法；一种是货位系统方法。所谓商品群系统方法是指将同一类商品集中存放在一起。货位系统方法又根据货位存储商品的变化情况分为固定货位存储和开放式货位存储。固定货位存储是指仓库中的所有货位都被事先规定好，只能用来存放固定品种的货物，这样每一种货物的存放地点就是固定不变的，每次补货时，只需将入库货物存放在固定位置即可。开放式存储则是所有货位随机分配给入库的货物，每一种货物存放的地点也不同。

以上商品存放方法各有特点：商品群系统方法的特点是定位容易，但搬运困难，对库存需要的面积难以把握；货位系统方法的特点是定位复杂，但搬运容易；固定货位存储方法的特点是查找起来比较容易，但仓库的利用率较低，对库存需要面积也难以测量；开放式存储方法的特点是不但对仓库利用率要求很高，而且对仓库管理软件的要求也很高，要能够准确地对仓库内的货物进行准确定位。因此，对于出入库频率高，需求波动小的商品可采用固定货位存储方法；而出入库频率低，需求波动大的商品采用开放式存储方法。

（3）计算仓储费用

根据设计的仓储方案，根据货品的属性不同，计算其存储成本。

（4）报价

根据计算的仓储成本，在增加一定利润率的情况下，参照同类企业仓储成本，对客户进行报价。如果客户对价格提出异议，双方进行协商，得出令双方都满意的最终价格。

3.4.2 运输/配送方案设计

在客户调研完成之后，对客户的需求有了充分的了解，在此基础上，对方案的设计要有针对性，即通过什么样的方式方法来满足客户的需求。同时，方案的设计要建立在科学的基础上，让设计的运输方案切实可行。运输方案设计的流程包括以下几个方面。

（1）运输/配送调研

运输/配送调研包含的内容主要包括物流需求方的客户地址、各条线路的路况、各条线路的配送量及配送频率等。这些内容在上一节中已经作了详细的介绍。

（2）运输/配送设计

①运输/配送时效

根据客户对配送时效的要求以及物流供应方自身的运输能力，双方共同协商运输时效最终结果。另外，对路况较差或者运输距离较远的地方运输时效需要弹性较大一些，同时，费用也相对高一些。

②运输/配送路径

为了保证运输时效并节约成本，物流供应方要根据调查的各运输线路的路况，选择合适的运输/配送路径，以最短的时间、最低的成本完成运输/配送任务。

③运输/配送工具

在全部物流运作时间中，运输时间占绝大部分，尤其是远距离运输。因此，运输/配送时间的缩短对整个流通时间的缩短起决定性作用。此外，运输时间缩短，还得靠合适的运输工具，充分发挥公司的运力效能，提高运输线路通过能力，不同程度地改善不合理。

在运输/配送工具选择的过程中，要考虑的因素包括以下几个：

- 货品属性：货品的种类，是否为特种货品，是否有特殊要求。
- 运输时效：客户对运输时效的要求，要求高的可以选择运输速度较快的车辆。
- 货品数量：根据货品的数量选择合适载重量的运输车辆。
- 路况：路况不同，选择的运输车辆也不同，如果道路狭窄，则选择小型运输车辆。

（3）运输/配送费用计算

运输费用在全部物流费用中占很大的比例，运输/配送费用的高低在很大程度上决定了整个物流系统的竞争能力。实际上，运费的相对高低，无论对货主还是对物流企业都是运输是否合理的一个重要标志。

根据配送线路、货品数量、货品属性等的不同，其货品的单位运输费用也不相同。为帮助客户节省运输成本，避免当地物流中心因缺货而产生异地物流中心调货运输，可提供调货直发模式，通过这种方式减少运输环节，节省运输成本，图 3 – 14 和图 3 – 15 分别是传统的调货模式和调货直发模式下的货物流动情况。

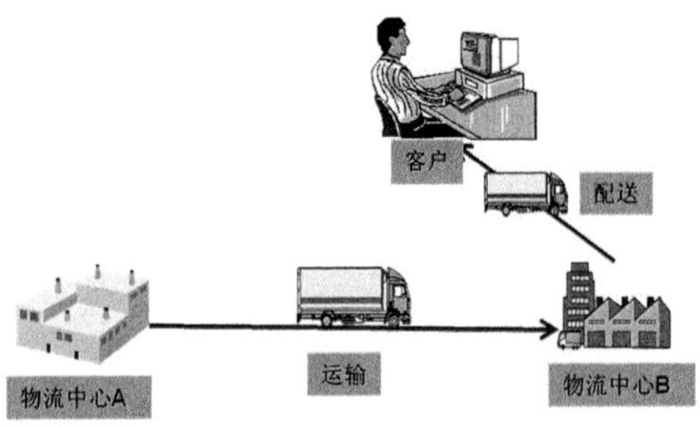

图 3 – 14　传统调货模式

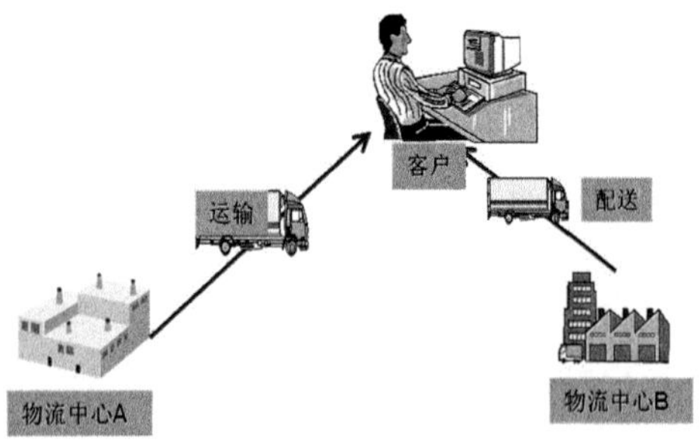

图 3 – 15　调货直发模式

（4）报价

根据运输/配送费用的计算结果，在增加一定比例利润的情况下，对客户进行报价。

3.4.3　报价表

物流方案的最终结果便是形成报价表，内容如图 3 – 16 所示。

报　价　表

时间：______年______月______日

（一）产品

类别：____________________

品项：________项　　平均每天订单数：________张/天　　每天出货量：________箱/天

体积：________立方米/箱　　重量：________千克/箱　　价值：________元/箱

包装材质：________（材质为玻璃、罐装、塑料……）　外箱：________（纸箱、袋装……）

产地：☐ 国产品　☐ 进口品________

（二）通路

☐超市　☐量贩（统仓）　☐便利店　☐小卖部　☐医院/诊所　☐药店　☐住家

☐公司行号　☐邮购　☐其他

地域：☐华北区　☐中南地区　☐华南区　☐华东区　☐西南区　☐西北区　☐东北地区

（三）进货方式

库存：☐安全库存　☐总库存

☐货柜（20 英尺、40 英尺）　☐空运

☐货车________月/次（数量）

☐提货

（四）单据

☐寄（快递）　☐自取（库存、提货）　☐传真　☐物流公司制作　☐计算机联机（印单、拣货数据）

（五）流通加工

☐贴标____________　☐组合包装____________　☐其他____________

（六）下货收款

公司行号：____________　联络人：____________

电话：____________　传真：____________

公司地址：______________________________

仓库地址：______________________________

公司成立：____________年

何处获知×物流公司的信息：____________________

1. 仓储：

装卸费／保管费／拣货费／流通加工费／退货整理费

2. 配送：

提货费／配送费／运输费／收退费／退仓费／取回单费／代收现费

3. 信息：

作账

图 3－16　报价表

3.5 小结

本单元首先介绍了我国物流企业市场定位的依据，开发客户的各种形式，并具体介绍了常见的广告、电话及网络三种客户开发模式的适用范围、操作流程，简单介绍了其他一些新出现的客户开发模式如品牌开发、展会开发、竞标开发、产业联盟开发等模式。物流投标是物流企业营销的一种方式，相比较传统的电话营销、网络营销，该种营销方式更具有针对性，也更具有技术含量，它一般常见于大型企业的物流招投标过程中，对物流企业获得市场份额具有重要的作用，也是衡量现代物流企业管理水平的标杆之一。物流招标之后，物流方案设计是非常重要的一个环节。本单元重点介绍了客户调研及方案设计的流程和包含的内容。

3.6 思考题

1. 物流企业自身定位的依据有哪些？

2. 广告、电话、网络及其他开发客户具有哪些特点？简述其操作流程。

3. 如何做物流投标，应该从哪些方面考虑？

4. 仓储方案设计的流程如何，仓储方案设计应该从哪些方面考虑？

5. 如何做运输/配送方案的设计，方案设计的流程如何，方案设计应该从哪些方面考虑？

单元1 物流企业管理概述
单元2 物流服务类型
单元3 物流项目开发
单元4 物流网络选址
单元5 车辆管理
单元6 物流服务管理
单元7 物流企业财务管理
单元8 物流信息化
单元9 物流标准与法律法规

单元4　物流网络选址

学习目标

1. 了解物流网络选址的方法；
2. 掌握仓库选址的流程；
3. 掌握仓库选址的方法。

4.1 物流网络布局

由于大多数制造业，都采用集中生产后通路分销的模式，物流需要负责将货品从生产工厂输送到消费市场的终端，所依靠的实体系统即为物流网络系统。从物流通路看，常见的模式有：

模式1：工厂→RDC→销售终端（卖场）；

模式2：工厂→RDC→FDC→销售终端（卖场）。

其中，RDC即为Regional Distribution Center，意为区域物流中心。FDC即为Forward Distribution Center，意为前进物流中心。对于全国性（中国大陆区）的生产和分销企业，考虑到配送时效和经济性，一般RDC以5~9个居多，常见的可分为东北区、华北区、西北区、华东区、华中区、华南区、西南区等，每个区选择合适的城市设置一个RDC，企业可以根据自身的需求增加区块或者合并区块，如增加东南区。例如某典型企业的全国区域物流中心（RDC）布局如图4-1所示，其中货品先从工厂配送到各RDC，然后由RDC配送到区域范围内的客户点或者销售点。

从DC的分工看，起配运核心作用的是RDC，而FDC常为季节性使用，FDC的功能为临时囤货，以在销售旺季或者交通不便季节可以及时对销售终端供货。

对于特定的企业而言，需要设置多少个DC，每个DC的位置选择以及货物选择何种流向最为合理，这是个复杂的规划问题。规划考虑的主要因素为配送时效和整体物流成本。可用的模型主要为区位规划模型，因为计算过程烦琐，这里不赘述，有兴趣的读者可参考相关书籍。

对于网络的构建问题，可以通过以下例子理解其主要思维。某企业现有2个工厂，3个DC，6个客户（如图4-2所示），其成品出厂后必须首先发往DC，然后由DC发往客户；工厂—DC及DC—客户的发货费率如表4-1和表4-2所示，各工厂生产供应量和各客户需求

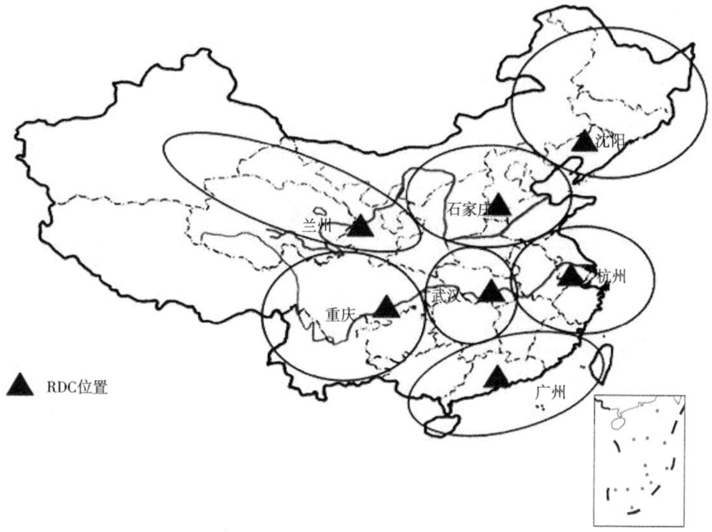

图4－1　某企业的全国区域物流中心布局

量，如表4－3和表4－4所示。则在此情况下，求解：

①从成本考量，通路货流量如何分配为最优化？最低成本是多少？

②是否有DC需要取消，如果有，是哪个？

③如果各DC的周转率水平一样，则DC大小的排序如何？

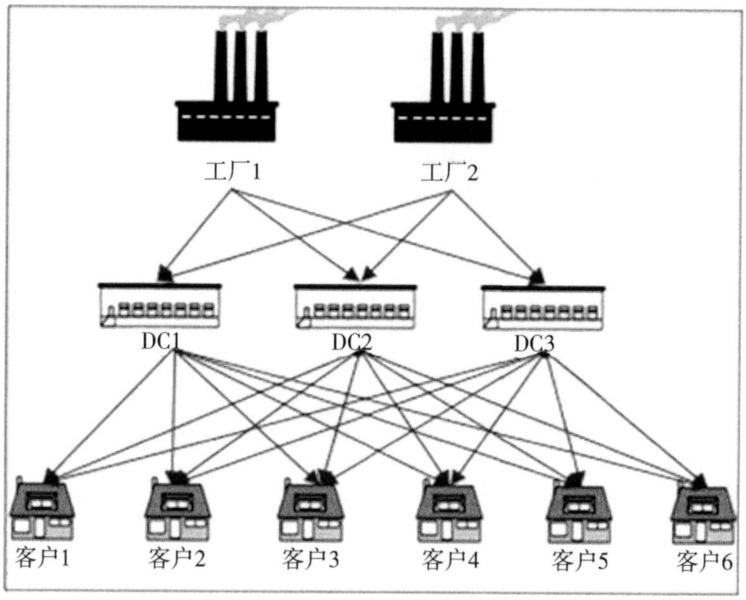

图4－2　某企业物流网络

表 4 - 1　　工厂 DC 运输费率　　单位：元

工厂别	DC1	DC2	DC3
工厂 1	2050	1520	1890
工厂 2	1600	1650	1220

表 4 - 2　　DC 客户运输费率　　单位：元

DC 别	客户 1	客户 2	客户 3	客户 4	客户 5	客户 6
DC1	720	300	290	1080	1020	890
DC2	1410	1070	1210	260	110	90
DC3	220	210	360	1250	1150	850

表 4 - 3　　各工厂生产供应量　　单位：吨

工厂 1	工厂 2
1000	2000

表 4 - 4　　各客户需求量　　单位：吨

客户 1	客户 2	客户 3	客户 4	客户 5	客户 6
200	400	500	600	500	800

求解过程：

第一步：排出不同通路模式下的总费用。如计算表 4 - 5 的第 8 列。例如：工厂 1—DC1—客户 1 模式下，总费用 = 2050 + 720 = 2770 元。

第二步：对不同模式下总费用进行排序，费用低的排在前面。如计算表 4 - 5 的第 9 列。

第三步：从费用最低通路起，在兼顾通路约束条件（此处为工厂出货量和各客户销量）下，选择通路模式的量。例如：工厂 2—DC3—客户 2 的成本最低，则对此通路选定客户 2 的总销量（由于其总销量 400 吨 < 工厂 2 的出货量 2000 吨）。

第四步：依次选定各通路模式下的量，直到所有的客户量被分配，结果即为限制条件下的最优解。

第五步：最终结果如表 4 - 6 所示。

表 4－5　　　　通路规划计算表

总量（吨）	工厂	工厂—DC 费率（元）	DC	DC—客户费率（元）	客户	总量（吨）	总费用（元）	排序	通路量（吨）
1000	1	2050	1	720	1	200	2770	28	
		2050		300	2	400	2350	18	
		2050		290	3	500	2340	17	
		2050		1080	4	600	3130	35	
		2050		1020	5	500	3070	34	
		2050		890	6	800	2940	31	
		1520	2	1410	1	200	2930	30	
		1520		1070	2	400	2590	22	
		1520		1210	3	500	2730	26	
		1520		260	4	600	1780	8	
		1520		110	5	500	1630	5	200
		1520		90	6	800	1610	4	800
		1890	3	220	1	200	2110	14	
		1890		210	2	400	2100	13	
		1890		360	3	500	2250	15	
		1890		1250	4	600	3140	36	
		1890		1150	5	500	3040	32	
		1890		850	6	800	2740	27	
2000	2	1600	1	720	1	200	2320	16	
		1600		300	2	400	1900	10	
		1600		290	3	500	1890	9	
		1600		1080	4	600	2680	24	
		1600		1020	5	500	2620	23	
		1600		890	6	800	2490	21	
		1650	2	1410	1	200	3060	33	
		1650		1070	2	400	2720	25	
		1650		1210	3	500	2860	29	
		1650		260	4	600	1910	11	600
		1650		110	5	500	1760	7	300
		1650		90	6	800	1740	6	
		1220	3	220	1	200	1440	2	200
		1220		210	2	400	1430	1	400
		1220		360	3	500	1580	3	500
		1220		1250	4	600	2470	20	
		1220		1150	5	500	2370	19	
		1220		850	6	800	2070	12	

表 4-6 计算结果表

通路模式	通路量（吨）	单位成本（元/吨）	物流成本（元）
工厂1—DC2—客户5	200	1630	326000
工厂1—DC2—客户6	800	1610	1288000
工厂2—DC2—客户4	600	1910	1146000
工厂2—DC2—客户5	300	1760	528000
工厂2—DC3—客户1	200	1440	288000
工厂2—DC3—客户2	400	1430	572000
工厂2—DC3—客户3	500	1580	790000

第六步：结果分析

①以上分配模式成本最低为4938000元；

②由于DC1没有货流量，所以DC1可取消；

③由于DC2通过量为1900吨，DC3通过量为1100吨，可见DC2规模大于DC3。

4.2 物流网络选择因素

物流网络选址是一个复杂过程，既要考虑到市场因素，又要考虑到当地的交通条件、气候情况等，一般在选址过程中考虑的因素包括以下几个方面：

（1）土地成本

配送中心的成本中，土地成本占有很大的比重，所以地价的高低将直接影响配送中心的选址及网点布局。同时，不同地区的经济发展规划不同，有的区域鼓励物流配送业的发展，这时候，企业就可以较为便利地获得相对低廉的土地。

（2）交通条件

据有关资料显示，配送中心的出入库运输成本占到总配送成本的50%～60%。交通运输的不便直接影响配送中心的日常运营，因此，配送中心的选址最好靠近交通枢纽，如交通主干道枢纽，铁路编组站或者机场，方便两种以上运输方式的联结。

（3）自然条件

配送中心是大量商品的集结地，需要储存大量的堆码很高的货物，会对地面造成很大的压力，如果配送中心下面是松软的淤泥层、松土层等不良地质条件，受压地段在重压之下会产生沉陷等现象。同时，还要注意配送中心的地形条件、气候条件以及水文条件等自然因素。

（4）土地可得性

配送中心建设时还要考虑到今后配送中心的可扩展性，所以，规划配送中心时，还要考虑在规划区域内能否获得足够的土地面积。

（5）人力成本

随着配送中心功能的不断延伸，对人力资源的需求也越来越多，越来越专业。因此，在规划配送中心时，要考虑规划所在区域的人力资源成本。

（6）服务水平

在现代物流中，能否实现准时运送是配送中心服务水平高低的重要指标。因此，在物流网络选址时，要充分考虑到能否快速有效的为客户提供高质量配送服务。

（7）基础设施是否完备

配送中心的所在地，除了道路通畅之外，还要考虑当地的供水、供电、燃气等是否配套，是否有废水处理能力等基本条件。

4.3 物流网络选址流程

配送中心的选址决策通常要经过多层次的筛选，是一个逐步缩小范围的过程，如图4－3所示：

（1）收集整理资料

资料的收集与物流网络选址的方法有关，在物流网络选址中，一般采用成本法，即通过将运输费用、配送费用、物流设施设备费用模型化，根据约束条件及目标函数来建立数学模型，通过计算选取费用最小的策略。所以，资料收集要对业务量和相关费用进行分析整理。

业务量的收集包括以下几个方面：

- 工厂到配送中心之间的运输量。
- 向顾客配送的货物数量。
- 配送中心的保管数量。

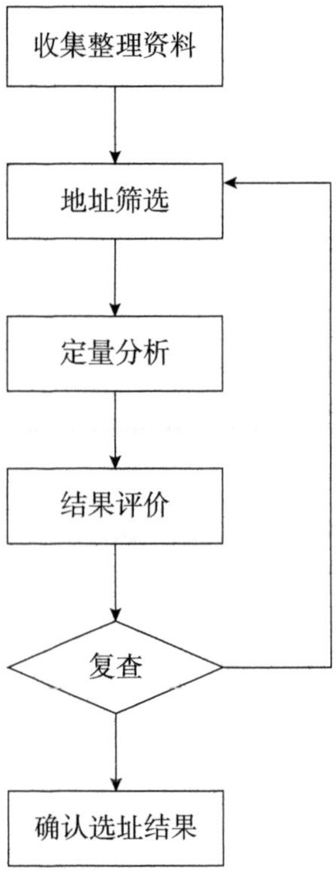

图 4－3　仓库选址流程

■ 各配送路线上的业务量。

注意：在进行数据分析时，分析的数据都是现有及过去的，不能真实反映未来的业务水平，所以，数据分析还要对未来的数据量进行预测。

首先，相关费用收集包括以下几个方面：

■ 工厂至配送中心之间的运输费。

■ 配送中心到顾客之间的配送费。

■ 与设施、土地有关的费用及人工费，业务费等。

注意：由于运输费和配送费会随着业务量和运送距离的变化而变动，所以必须对每一吨公里的费用进行分析，费用包括变动费用和固定费用。

其次，其他信息收集。用缩尺图表示顾客的位置、现有设施的配置方位及工厂的位置，并整理各候选地址的配送路线及距离等资料，对必备车辆数、作业人员数、装卸方式、装卸机械费用，要与成本分析结合起来考虑。

（2）地址筛选

在对配送中心位置进行筛选时，要根据上述影响因素进行初步筛选，通过层层筛选的方式确定几个或更多的配送中心位置，如确定配送中心位于某个城市、某个区域的某个位置，然后可以通过配送中心影响因素分析对多个备选配送中心进行进一步筛选，如某配送中心在某城市有 3 个备选位置，每个位置的各个因素得分如表 4 –7 所示：

表 4 –7　　因素得分表

配送中心	土地成本	交通条件	自然条件	土地可得	人力成本	服务水平	基础设施	总分
备选位置 1	5	9	7	6	7	6	7	47
备选位置 2	7	8	7	6	7	8	8	51
备选位置 3	5	8	7	6	7	7	8	48

这是简单的筛选方式，企业还可以通过对各个影响因素赋权值，通过加权分析方式来获得最终的入选位置。在筛选备选位置时，不能有过多的备选位置，否则会给后续的定量分析工作带来巨大的工作量；也不能过少，偏离选取最优配送中心理念。

（3）定量分析

定量分析是通过数学模型计算分析最优的配送位置，配送中心的选址会因为选址范围和选址数量不同，计算的数学模型也不同。如多配送中心向多客户配送选用鲍摩—瓦尔夫模型，单一配送中心向多客户配送及单一配送中心向单一客户配送采用重心法模型。

重心法模型公式为：

$$x_0 = \frac{\sum_{i=1}^{n} \frac{h_i w_i x_i}{d_i}}{\sum_{i=1}^{n} \frac{h_i w_i}{d_i}}, \qquad y_0 = \frac{\sum_{i=1}^{n} \frac{h_i w_i y_i}{d_i}}{\sum_{i=1}^{n} \frac{h_i w_i}{d_i}}$$

$$d_i = \sqrt{(x - x_i)^2 + (y - y_i)^2}, H = \sum_{i=1}^{n} h_i w_i d_i$$

式中：

h_i ——运输费率；

w_i ——物流量；

d_i ——配送中心到客户的直线距离；

H ——配送总成本。

由于该方法包含了距离变量，所以需要使用迭代法求解：

①不考虑距离因素时利用公式：

$$x = \frac{\sum_{i=1}^{n} h_i w_i x_i}{\sum_{i=1}^{n} h_i w_i},\ y = \frac{\sum_{i=1}^{n} h_i w_i y_i}{\sum_{i=1}^{n} h_i w_i}$$

求得 x 值和 y 值，代入距离模型和成本模型中，求出初始成本 H_0；

②代入重心法模型中，求出改善后的坐标（x_0^0，y_0^0），代入距离模型和成本模型中，求出总成本 H_1；

③比较 H_0 与 H_1 的大小，若 $H_1 > H_0$，则说明（x_0^0，y_0^0）为最优解。如果 $H_1 < H_0$，则说明改善后的配送中心产生的总成本仍有改善的空间，继续迭代，直至改善空间已经非常小可忽略不计，则最后迭代的结果即为近似最优解（注意：绝对最优解理论上不可能求得）。

（4）结果评价

通过计算得出配送中心位置后，要对结果进行评价分析，结合前面讲述的影响因素对配送中心进行实用性分析，确定该位置是否切实可行。

案　例

某企业仓库选址过程

某企业的客户分布在 5 个点，分别为 P_1，P_2，P_3，P_4，P_5，已知条件如表 4－8 所示。现需设置一个中转仓库，产品通过该仓库间接向 5 个客户供货。请使用重心法求出仓库的最优选址。（注：迭代停止标准，前后两次迭代的结果距离差小于 0.3 时即可停止迭代）

表 4－8　客户已知信息

客户点（i）	运输总量 V	运输费率 R	坐标 X_i	坐标 Y_i
P_1	2000	0.05	3	8
P_2	3000	0.05	8	2
P_3	2500	0.075	2	5
P_4	1000	0.075	6	10
P_5	1500	0.075	8	8

忽略距离 d_i，根据重心公式求得待选物流中心的初始坐标（$\bar{X}_0,\bar{Y}_0$）；

$$\bar{X}_0=\frac{\sum_{i=1}^{n}R_iV_iX_i}{\sum_{i=1}^{n}R_iV_i}$$

$$=\frac{2000\times0.05\times3+3000\times0.05\times8+2500\times0.075\times2+1000\times0.075\times6+1500\times0.075\times8}{2000\times0.05+3000\times0.05+2500\times0.075+1000\times0.075+1500\times0.075}$$

$$=5.16$$

$$\bar{Y}_0=\frac{\sum_{i=1}^{n}R_iV_iY_i}{\sum_{i=1}^{n}R_iV_i}$$

$$=\frac{2000\times0.05\times8+3000\times0.05\times2+2500\times0.075\times5+1000\times0.075\times10+1500\times0.075\times8}{2000\times0.05+3000\times0.05+2500\times0.075+1000\times0.075+1500\times0.075}$$

$$=5.90$$

根据第二步得到的（$\bar{X}_0,\bar{Y}_0$）计算出（$\bar{X}_0,\bar{Y}_0$）与各客户点（X_i,Y_i）的距离 d_i，公式如下：

$$d_i=[(X_i-\bar{X})^2+(Y_i-\bar{Y})^2]^{\frac{1}{2}}$$

得出距离结果如表4－9所示：

表4－9　　距离结果

d_1	d_2	d_3	d_4	d_5
3.01	4.82	3.29	4.19	3.53

第一次迭代得到修正的（$\bar{X}_1,\bar{Y}_1$）；

将 d_i 代入

$$\bar{X}_1=\frac{\sum_{i=1}^{n}R_iV_iX_i/d_i}{\sum_{i=1}^{n}R_iV_i/d_i}$$

$$=\frac{\frac{2000\times0.05\times3}{3.01}+\frac{3000\times0.05\times8}{4.82}+\frac{2500\times0.075\times2}{3.29}+\frac{1000\times0.075\times6}{4.19}+\frac{1500\times0.075\times8}{3.53}}{\frac{2000\times0.05}{3.01}+\frac{3000\times0.05}{4.82}+\frac{2500\times0.075}{3.92}+\frac{1000\times0.075}{4.19}+\frac{1500\times0.075}{3.53}}$$

$$=4.8$$

将 d_i 代入

$$\bar{Y}_1 = \frac{\sum_{i=1}^{n} R_i V_i Y_i / d_i}{\sum_{i=1}^{n} R_i V_i / d_i}$$

$$= \frac{\frac{2000 \times 0.05 \times 8}{3.01} + \frac{3000 \times 0.05 \times 2}{4.82} + \frac{2500 \times 0.075 \times 5}{3.29} + \frac{1000 \times 0.075 \times 10}{4.19} + \frac{1500 \times 0.075 \times 8}{3.53}}{\frac{2000 \times 0.05}{3.01} + \frac{3000 \times 0.05}{4.82} + \frac{2500 \times 0.075}{3.29} + \frac{1000 \times 0.075}{4.19} + \frac{1500 \times 0.075}{3.53}}$$

$= 6.1$

此时，第一次迭代的（$\bar{X}_1, \bar{Y}_1$）与初始（$\bar{X}_0, \bar{Y}_0$）的距离为：

$$D = [(\bar{X}_1 - \bar{X}_0)^2 + (\bar{Y}_1 - \bar{Y}_0)^2]^{\frac{1}{2}} = 0.4 > 0.3$$

需要再次迭代。

重复上述方法步骤，先计算各（$\bar{X}_1, \bar{Y}_1$）与各客户点（X_i, Y_i）的距离 d_i，得到距离结果如表 4－10 所示：

表 4－10　　　　第二次迭代距离结果

d_1	d_2	d_3	d_4	d_5
2.62	5.20	3.03	4.06	3.69

第二次迭代得到修正的（$\bar{X}_2, \bar{Y}_2$）；

将 d_i 代入 $\bar{X}_2 = \frac{\sum_{i=1}^{n} R_i V_i X_i / d_i}{\sum_{i=1}^{n} R_i V_i / d_i} = 4.6$；

将 d_i 代入 $\bar{Y}_2 = \frac{\sum_{i=1}^{n} R_i V_i Y_i / d_i}{\sum_{i=1}^{n} R_i V_i / d_i} = 6.2$。

此时，第二次迭代的（$\bar{X}_2, \bar{Y}_2$）与第一次迭代（$\bar{X}_1, \bar{Y}_1$）的距离为：

$$D = [(\bar{X}_1 - \bar{X}_2)^2 + (\bar{Y}_1 - \bar{Y}_2)^2]^{\frac{1}{2}} = 0.22 < 0.3$$

故不需要再次迭代。

所以，最终的计算结果为坐标（4.6，6.2）。

注：迭代停止的标准可人为调整，如果定为 0.5，则第一次迭代即可满足；如果定为 0.2，则需要进行第三次迭代。迭代停止的标准一般在实际选址应用中可定为 10 千米，即前后两次迭代结果的距离差小于 10 千米可认为结果满足标准。

4.4 物流网络选址案例

某物流中心选址规划

根据物流中心的规划原则和目标，将选址比较法定为物流中心选址的方法。根据实际情况，在市区内有限个可供选址的地点之中，使用定性和定量相结合的分析方法，对物流中心的建设以及建成后的运行情况进行经济与技术、生态，现实与长远的综合分析，从而确定一个比较合理可行的选址地点。

（1）各可选地的详细介绍

在市区内共选址6块地作为物流中心地址的候选地，分别编号为1号至6号，6块地的位置和详细介绍分别如图4－4和表4－11所示。

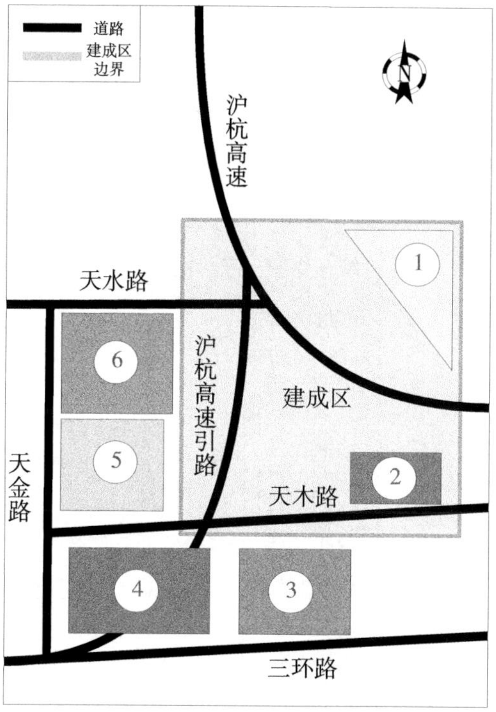

图4－4 候选仓库位置示意

表 4－11　　　　　　　　　　　　候选地情况描述

分析因素＼可选地		1 号可选地	2 号可选地	3 号可选地	4 号可选地	5 号可选地	6 号可选地
自然环境	气象条件	基本相同					
	地质条件	基本相同					
	水文条件	基本相同					
	地形情况	基本相同					
交通运输	距高速公路出口远近	1.2 千米	3.0 千米	3.3 千米	5.7 千米	4.75 千米	3.9 千米
地域	周边情况	无	强风机械设备公司、住宅小区	祥云公园、东方家具公司	无	工商银行，住宅小区	中石油加油站、工业园区
候选地	面积（万平方米）	200	43.5	322	429.2	392	580
	形状	近似三角	近似矩形	近似矩形	近似矩形	近似矩形	近似矩形
	位置	沪杭高速东北面	建成区的东南部	建成区的正南侧	建成区的西南侧	建成区的西侧	建成区的西侧
	周边干线	沪杭高速					
	地价	基本相同					
公共设施	供电	暂时未开发	标准 220kW 供电	暂时未开发			
	供水		开发区水厂统一供应				
	供热		开发区供热站统一供热				
	供气		提供罐装石油液化气				
	排水		开发区有排污站一座				
	通信		可根据需要安装 DNN 或者 ADSL				
	固体废弃物处理		垃圾处理厂一个				
	道路设施		天木路、纬创路	天木路、友谊路、三环路	沪杭高速引路、三环路、友谊路	天木路、天金路	天水路、天金路

（2）评价选址结果

根据中心选址过程中应考虑的每一因素，选定 6 分为满分，分值越高，满意程度越高，最后合计总分最高的可选地为建议方案。评价标准如表 4－12 所示：

表 4－12　　评价标准表

分析因素		评价标准
自然环境	气象条件	温湿度、风力、降水、日照等气象因素适中
	地质条件	符合建筑承载力要求
	水文条件	远离泛滥河流
	地形情况	地形坡度平缓、适宜建筑
交通运输	距高速公路出口距离	距离最短
地域	周边企业情况	企业密度适中
候选地	面积	考虑远景规划，面积不宜过小
	形状	尽量规则，以矩形为宜，适合物流中心布局
	周边干线	路况好
	地价	地价适中
公共设施	供电、供水、供气、供热、通信、道路	公共设施便利，符合标准

①自然环境

考虑各可选地址距离较近，自然环境基本相同，故评分无差别。

②交通运输

由于物流中心是商品的集散地，有较多的运输业务，运输距离的大小影响运输成本的大小，因此，物流中心的位置要靠近主要干线附近。考虑到该城市无机场，所以，距火车站和高速公路出口越近，得分越高，反之则越低。

③地域

■ 企业密度：考虑到物流中心今后的远景规划，可选地内企业密度不宜过大，另外还要考虑到物流中心的主要产品与附近临近企业的产品或原材料是否有影响。

■ 住宅区：由于物流中心出入车辆比较多，噪声污染比较严重，故不宜选择住宅区附近。

④候选地形状

■ 面积：面积不宜过小，面积大者得分越高。

■ 形状：为便于建筑物收发作业区的配置需要，要求形状尽量规则，以矩形为佳，适宜物流中心布局。

■ 周边干线及地价：由于可选地之间距离较近，地价相差无几，而且都靠近沪杭高速，故评分无差别。

■ 公共设施：主要考虑物流中心的供气、供水、供电等情况。

■ 道路：考虑各可选地周边道路情况，道路是否通畅、路面状况是否良好、路面宽度多大等影响物流中心的运输效率的道路情况。

（3）方案比较

通过对选址因素和评价标准的确定，对每个可选地进行打分，如表4－13所示：

表4－13　　可选地打分表

<table>
<tr><th colspan="2">可选地
分析因素</th><th>1号可选地</th><th>2号可选地</th><th>3号可选地</th><th>4号可选地</th><th>5号可选地</th><th>6号可选地</th></tr>
<tr><td rowspan="4">自然环境</td><td>气象条件</td><td colspan="6" rowspan="4">评分无差别</td></tr>
<tr><td>地质条件</td></tr>
<tr><td>水文条件</td></tr>
<tr><td>地形情况</td></tr>
<tr><td>交通运输</td><td>距高速公路出口远近</td><td>6</td><td>5</td><td>3</td><td>1</td><td>2</td><td>4</td></tr>
<tr><td>地域</td><td>周边情况</td><td>6</td><td>2</td><td>2</td><td>6</td><td>4</td><td>4</td></tr>
<tr><td rowspan="4">候选地</td><td>面积(万平方米)</td><td>2</td><td>1</td><td>3</td><td>5</td><td>4</td><td>6</td></tr>
<tr><td>形状</td><td>5</td><td>6</td><td>6</td><td>6</td><td>6</td><td>6</td></tr>
<tr><td>周边干线</td><td colspan="6" rowspan="2">评分无差别</td></tr>
<tr><td>地价</td></tr>
<tr><td rowspan="8">公共设施</td><td>供电</td><td rowspan="7">2</td><td rowspan="7">6</td><td colspan="4" rowspan="7">2</td></tr>
<tr><td>供水</td></tr>
<tr><td>供热</td></tr>
<tr><td>供气</td></tr>
<tr><td>排水</td></tr>
<tr><td>通信</td></tr>
<tr><td>固体废弃物处理</td></tr>
<tr><td>道路设施</td><td>3</td><td>6</td><td>4</td><td>5</td><td>4</td><td>5</td></tr>
<tr><td colspan="2">评分合计</td><td>24</td><td>26</td><td>20</td><td>25</td><td>22</td><td>27</td></tr>
</table>

（4）方案建议

从上面分析可知，各可选地的总得分差别不大，都可以作为物流中心的选址地点，但得分越高者满意度越高，因此物流中心的选址建议排序如下：

$$6 \rightarrow 2 \rightarrow 4 \rightarrow 1 \rightarrow 5 \rightarrow 3$$

4.5 小结

本单元从企业实际操作的角度出发，先介绍了物流网络建构的常见做法，然后介绍了物流网络选址的计算方法，着重介绍了重心法；其次介绍了物流网络选址的影响因素，并通过案例的方式介绍实际选点的操作方法。学员需掌握物流网络选址的评选方法。

4.6 思考题

1. 如何对物流网络进行架构设计？主要考虑的因素有哪些？
2. 重心法选址中依据距离和需求量计算两种方法有什么不同？
3. 物流中心选址不同方案的选定需考虑的因素有哪些？

单元1 物流企业管理概述

单元2 物流服务类型

单元3 物流项目开发

单元4 物流网络选址

单元5 车辆管理

单元6 物流服务管理

单元7 物流企业财务管理

单元8 物流信息化

单元9 物流标准与法律法规

单元5　车辆管理

学习目标

1. 掌握车辆需求数量的计算方法；
2. 掌握节约里程法的计算方法；
3. 掌握车辆选型分析方法；
4. 掌握车辆成本的计算方法；
5. 掌握车辆日常管理的内容；
6. 掌握车辆绩效考核的内容。

5.1 车辆选型及数量

5.1.1 车辆数量计算

（1）配送总量求解法

物流企业在选择车辆时，首先要明确选择车辆的类型及数量，通过对每天物流量的统计来计算出需要的车辆类型及数量，一般情况下，物流企业的物流量服从正态分布，通过统计学方法可以大致估算出在一定服务水平条件下的车辆类型及数量。如某企业10天的物流量如表5－1所示。

表5－1　物流量统计表

日期	1	2	3	4	5	6	7	8	9	10
物流量（千克）	5000	4000	3000	2000	3000	6000	7000	4000	5000	3000

假设该公司只有一辆日运输量为5000千克的厢式货车。

通过计算得知：①该公司近10天的平均物流量 $\bar{Q}=4200$ 千克；

②该公司物流量的标准差 $\partial=1549$ 千克；

③已知 $Q=5000$ 千克。

按照公式 $\mu=\dfrac{Q-\bar{Q}}{\partial}$，

求得：$\mu=\dfrac{5000-4200}{1549}=0.5165$。

通过查正态分布表，可以得知，一辆5000千克的厢式货车有69.85%的概率完成当天的运输或配送服务，很显然，这么低的服务质量是不能够满足客户要求的。同样通过公式逆推算出满足95%以上概率完成当天运输或配送服务的货车的载重量，如下所示：

通过查正态分布表，满足95%概率的 $\mu=1.65$，

代入公式：$\mu = \frac{Q - \bar{Q}}{\partial}$，

求得：$Q = \mu \times \partial + \bar{Q} = 1.65 \times 1549 + 4200 = 6755.85$。

即如果货车日运输能力达到6755.85千克，则有95%的概率可以完成当天货物的运输或配送。此时，如果物流企业选择一辆日运输能力7000千克的货车可满足物流服务的需要，如果选择日运输能力为2000千克的货车，就需要购买四辆这种车型。对于每天发车一次的运输公司来说，车辆数量比较好确定，但对于仓储配送型物流公司来说，由于每天要发车很多次，车辆运输能力上除了要满足总量的需求之外，还要满足每天的配送服务要求，所以计算的方法要进行细化，可以通过划分时段的方法来确定当天的物流量，并用同样的方法算出满足一定服务标准下的车辆数量。

（2）节约里程法下的车辆数量计算

在节约里程法下的车辆数量确定方法的基本思路是在确定最佳配送线路，根据配送线路数量来确定配送车辆数量，再根据每个配送线路经过的配送点配送量，计算出需要的配送车辆的大小。

节约里程法解决配送路线规划问题的基本思想是假设P为配送中心，A和B分别是配送点，他们相互之间的道路距离分别为a、b、c。如果用两辆车分别从P向A和B配送，车辆行驶里程为$2a+2b$。如果只派一辆车，从P向A、B巡回配送，则车辆行驶里程为$a+b+c$。两种配送方法的车辆行驶里程差为$(2a+2b)-(a+b+c)=a+b-c$。如果$a+b-c>0$，那么第二种配送方法下的车辆行驶里程优于第一种配送方法下的车辆行驶里程。如果向多家用户配送，可以根据节约里程的大小顺序连接各配送点并规划出最佳配送路线。

下面举一个例子来说明节约里程法算法的基本步骤。配送中心及各配送点如图5-1所示：

其中P为配送中心，A~J为配送点，两点之间的数字为距离，如A和B之间距离为4，括号内的数字为配送量。假设可以利用的车辆是3吨和4吨的两种厢式货车，而且车辆一次运行距离不能超过30千米，为了尽量缩短配送距离，求出最佳的配送路线。

①首先计算出相互之间的最短距离。根据图5-1配送中心至各个配送点、配送点与配送点之间的距离，得出配送线路最短的距离矩阵，如图5-2所示：

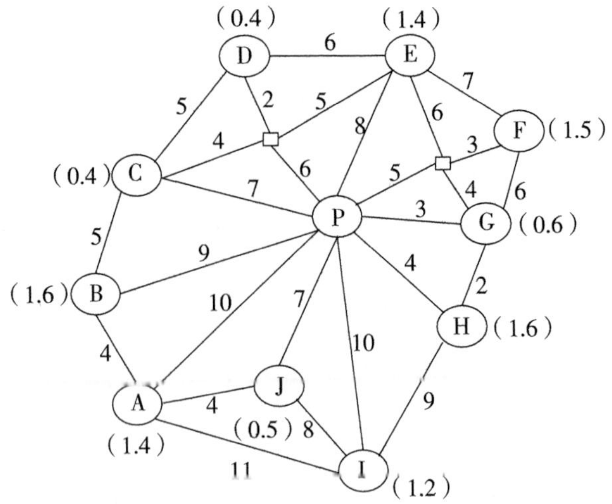

图 5－1　配送中心网路

	P									
A	10	A								
B	9	4	B							
C	7	9	5	C						
D	8	14	10	5	D					
E	8	18	14	9	6	E				
F	8	18	17	15	13	7	F			
G	3	13	12	10	11	10	6	G		
H	4	14	13	11	12	12	8	2	H	
I	10	11	15	17	18	18	17	11	9	I
J	7	4	8	13	15	15	15	10	11	8

图 5－2　最短配送线路距离矩阵

如：P—A 的最短距离为 10，A—B 的最短距离为 4，以此类推，得出上述距离矩阵。

②从最短距离矩阵图中计算出各用户之间的节约里程，如图 5－3 所示：

如：P 至 A 和 B 的距离，如果从 P 分别向 A 和 B 配送，则行驶距离为 $2\times10+2\times9=38$，如果从 P 至 A 再至 B，最后返回 P 这种巡回线路，行驶距离为 $10+4+9=23$，则 P 至 A 和 B 的节约里程为 $38-23=15$，以此类推，得出上述配送路线节约行程图。

③对节约行程按大小顺序进行排列，如表 5－2 所示：

	A									
B	15	B								
C	8	11	C							
D	4	7	10	D						
E	0	3	6	10	E					
F	0	0	0	3	9	F				
G	0	0	0	0	1	5	G			
H	0	0	0	0	0	4	5	H		
I	9	4	0	0	0	1	2	5	I	
J	13	8	1	0	0	0	0	0	9	

图 5－3　配送路线节约行程

表 5－2　　配送路线节约行程顺序

序号	连接点	节约里程	序号	连接点	节约里程
1	A—B	15	13	F—G	5
2	A—J	13	14	G—H	5
3	B—C	11	15	H—I	5
4	C—D	10	16	A—D	4
5	D—E	10	17	B—I	4
6	A—I	9	18	F—H	4
7	E—F	9	19	B—E	3
8	I—J	9	20	D—F	3
9	A—C	8	21	G—I	2
10	B—J	8	22	C—J	1
11	B—D	7	23	E—G	1
12	C—E	6	24	F—I	1

④按照节约行程顺序表，组合成配送路线图。

初始解：从配送中心向各个配送点配送。配送线路 10 条，总运行距离 148 千米，如图 5－4 所示：

二次解：按照节约里程的顺序大小，连接 A—B，A—J，B—C，组成配送线路 1，该路线装载量为 3.9 吨，运行里程为 27 千米。此时总配送路线 7 条，总运行距离 109 千米，需要 3 吨车辆 6 辆，4 吨车辆 1 辆。如图 5－5 所示：

三次解：按照节约里程的顺序大小，C—D 和 D—E 都有可能连接到二次解的配送线

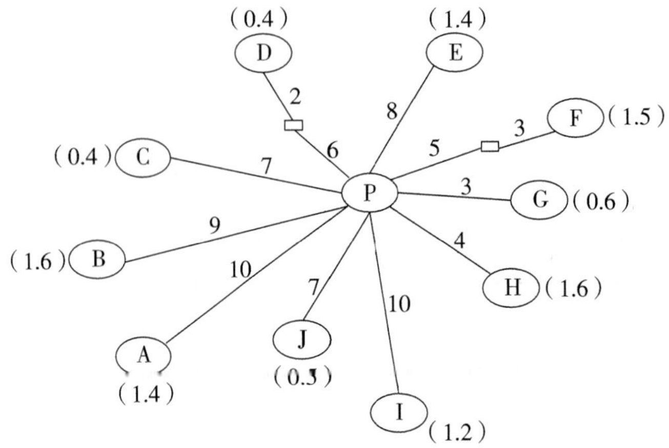

图 5－4　初始解

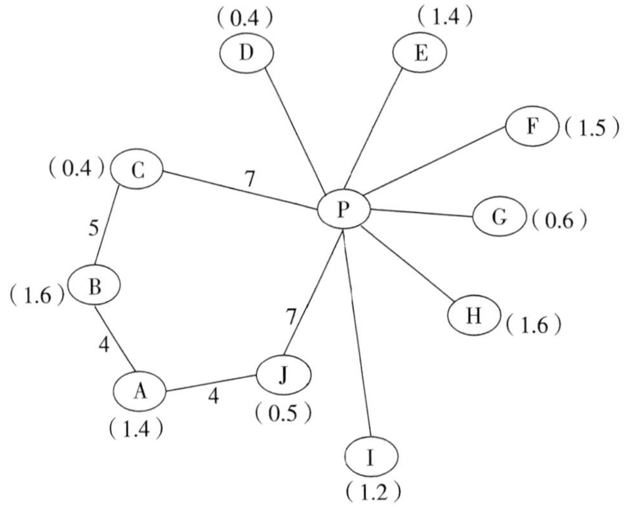

图 5－5　二次解

路 1 中，但由于受到车辆装载量和每次运行距离这两个条件的限制，配送线路 1 不能再增加配送点，因此不能再连接 C—D，只连接 D—E，组成配送线路 2，该线路装载量为 1. 8 吨，运行里程为 22 千米，此时总的配送路线为 6 条，总运行距离为 99 千米，需要 3 吨车辆 5 辆，4 吨车辆 1 辆。

四次解：接下来的顺序是 A—I 和 E—F，由于配送路线 1 不能再增加配送点，为此不再连接 A—I。连接 E—F 并入配送路线 2 中。此时配送路线 2 装载量为 3. 3 吨，运行里程为 29 千米，此时总的配送路线为 5 条，总运行距离 90 千米，需要 3 吨车辆 3 辆，4 吨车辆 2 辆。

五次解：接下来按节约的顺序是 I—J、A—C、B—J、B—D、C—E，但这些连接均已包括在已组合的配送路线中，不能再组成新的配送路线，为此不再连接。接下来可以将

F—G 并入配送路线 2 中，这样配送路线 2 装载量为 3.9 吨，运行里程为 30 千米。此时，总的配送路线为 4 条，总运行距离 85 千米，需要 3 吨车辆 2 辆，4 吨车辆 2 辆。

最终解：接下来的节约顺序是 G—H，由于受车辆装载量和每次运行里程的限制，G—H 不能组合到配送路线 2 中，所以不能连接。连接 H—I 组成新的配送路线 3。至此，完成了全部配送路线的规划。总的配送路线一共有 3 条，运行距离为 80 千米，需要 3 吨车辆 1 辆，4 吨车辆 2 辆。其中，配送线路 1 装载量为 3.9 吨，运行里程为 27 千米，需要 4 吨车辆 1 辆；配送线路 2 装载量为 3.9 吨，运行里程为 30 千米，需要 4 吨车辆 1 辆；配送线路 3 装载量为 2.8 吨，运行里程为 23 千米，需要 3 吨车辆 1 辆。如图 5－6 所示：

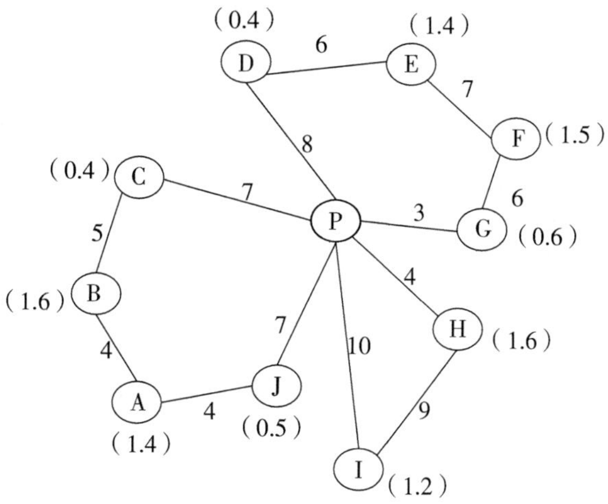

图 5－6　最终解

通过比较可以发现，不管是车辆数量还是运行线路，运用节约里程法规划之后都有较大幅度的提高，两者比较表如表 5－3 所示。

表 5－3　　规划前后车辆和运行里程比较

	规划前	规划后	比　较
行驶总里程	148 千米	80 千米	节省 45.95% 里程
车辆需求数量	3 吨车辆 10 辆	4 吨车辆 2 辆，3 吨车辆 1 辆	不论是投资成本还是运营成本都有较大幅度下降，具体成本核算可参照车辆成本核算部分

5.1.2　车辆选型分析

选择车辆类型时，要将经济性、适用性原则作为选型的标准。

（1）经济性

指物流车辆价格比较便宜，使用时耗油量也比较低，车型符合国家相关政策，甚至能够获得相关补贴，或者节省其他类型费用，使物流企业在车辆固定成本或者变动成本上具有较好的优势。

（2）适用性

适用性范围比较广，可以从以下几个方面展开：

■ 符合自身物流特点，如运输型物流企业要选择容积量比较大的物流车辆，而仓储配送型物流企业则选择车型较小，比较灵活的物流车辆。

■ 符合自身服务的行业特征，如冷链行业物流，在选择车辆时就不能选择一般的物流车辆。

■ 符合产品特征，如有些产品要求做到防雨防潮，这时候要选择能够防雨的物流车辆。

■ 符合相关政策，如有些城市对车辆运行作了相关规定，超过一定载重量的车型只能走规定的线路，此时如果选择这种车型，势必会影响到配送服务。

上述是物流企业选型的原则，在实际选型过程中，是一个综合考量的过程。如某物流企业在车辆选型过程中通过对选车因素的权重赋值，通过加权分析法综合打分来确定选车的类型，如表 5 -4 所示：

表 5 -4　　车辆打分

	价格（0.4）	容积量（0.2）	耗油量（0.2）	质量（0.1）	速度（0.1）
车型一	90	80	80	95	90
车型二	60	85	70	75	80
车型三	85	80	70	85	80
车型四	70	75	85	80	85

通过上面打分之后，通过计算可以得出每辆车型的综合得分，如表 5 -5 所示：

表 5 -5　　车辆加权得分

	价格（0.4）	容积量（0.2）	耗油量（0.2）	质量（0.1）	速度（0.1）	综合得分
车型一	36	16	16	9.5	9	86.5
车型二	24	17	14	7.5	8	70.5
车型三	34	16	14	8.5	8	80.5
车型四	28	15	17	8	8.5	76.5

通过综合评比可以看出车型一综合得分比其他车型都高，所以选择车型一。企业在实际选择车辆过程中，评价标准不一样，考虑因素可能不仅仅包括价格、容积量、耗油量等5个因素，还要包括其他一些因素，而且权重也不一定这样，这要根据企业的实际需求来定。

5.2 车辆成本分析

5.2.1 车辆成本分类

按照会计学对成本分类的方法，物流车辆运营成本可以分为固定成本和变动成本两项。

（1）固定成本

固定成本是指不管车辆是在行驶或者不行驶中，都要产生费用。它一般包括车辆折旧、车辆保险费、车辆年检费、车辆司机工资等几项。

①车辆折旧

指车辆从买入到转卖给他人（或报废）期间产生的自然损耗费。会计算法中，固定资产折旧计算方法有直线折旧法、双倍余额递减折旧法等计算方法，这里以直线折旧法为例，如您如果现在购入一辆新车，假设车价是10万元，使用5年后，该车若按市场交易价可卖2万元，则该车5年的折旧费总计是8万元（2万~10万元），每年的平均折旧费是1.6万元（8万元÷5年），每月的平均折旧费约1300元（1.6万元÷12月）。

②车辆保险费

指到保险公司参加车辆安全与人身安全投保产生的费用。常用的车辆险种有：车辆损失险、第三者责任险、乘座险、不计免赔险、交通强制险。现以10万元的车测算，如每年的保险费为4000~5000元（视投保险种及保额高低而定），月平均支出保险费约400元。

③车辆年检费

指按照《道路交通安全法实施条例》有关规定，由指定车检所，对所有机动车辆每年进行一次安全为主的检查所产生的费用。以2.5吨货车为例，每年年检费为500元，那每月平均支出年检费用为41.67元。

④人工费用

人工费用包括送货司机和送货员的人工工资，由于工资是固定不变的，所以计入固定成本中，具体金额要根据地区经济发展水平而定。

（2）变动成本

变动成本是指车辆在使用中支出的费用。也就是我们平常说的："跑得多，开支就多；跑得少，开支就少"。具体包括燃油费、修理费等。

①燃油费

测算油费支出的指标一般有2个。分别是百公里油耗量（升/100公里）和每公里油费（元/公里）。

百公里油耗。指车辆每行驶100公里后燃烧的燃油数量，是一个平均值。可采用以下方式进行测算：到加油站将车辆的油箱加满燃油后，用笔抄下车辆里程表中的里程数（或将里程计数器清零），待油箱中的燃油烧完后，再到加油站将油箱加满燃油（本次加油数量及金额即为该段里程的耗油量），同时抄下里程表读数，用前后两次里程表读数之差除100，先换算成百公里，再用耗油量的数据除百公里的数据，得到的数据结果，就是该车在近期内的百公里油耗。

每公里油费。仍用测算百公里油耗方式，但不用将行驶的里程数换算为百公里，直接用后一次加油的金额除以行驶的总里程，得到的结果就是该车的每公里油费。

②修理费

指车辆件发生损坏、更换而产生的修理费用。具体包括：车辆定期保养费、修理费等。车辆定期保养费，指为了确保车况良好，依据厂商的保养要求，在限定里程或限定时间内，到4S店进行的常规保养而产生的费用，也包括定期为车辆进行保洁的洗车费等。

修理费该项费用支出的多少，主要取决于驾驶员车技的高低和对车辆的爱惜程度。即擦刮越少，修理费越少。

③其他变动成本

除上述两项比较重要的变动成本外，有时候也会有诸如停车费、车辆罚款等费用，这里统称为意外变动成本。

按照物流车辆产生费用的种类，物流车辆成本可以分为设备成本、运转成本、维持成本和人工成本四项，具体费用成本结构如图5-7所示：

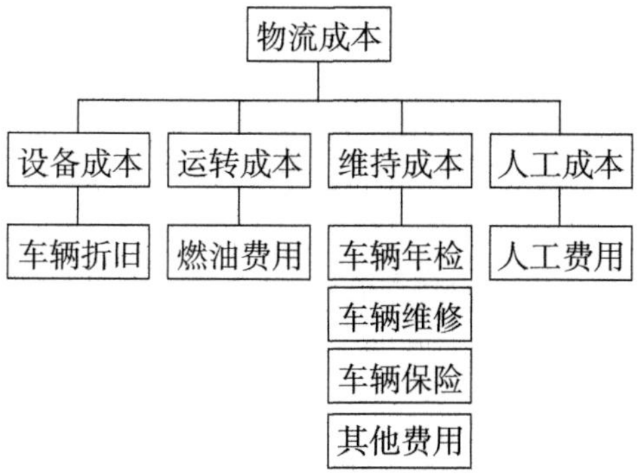

图 5－7　车辆成本分类

5.2.2　车辆成本分析

车辆成本分析是指通过对车辆在固定期限内的总运营成本及总载货量进行分析，来检验物流车辆的利用率是否达标的一种方法。车辆运营成本从成本类型上分为固定成本和变动成本；从成本产生原因上分为设备成本、运转成本、维持成本和人工成本。企业在统计车辆成本时，可以采用表 5－6 的方式：

表 5－6　　车辆成本统计

<table>
<tr><th colspan="2" rowspan="2">项　目</th><th rowspan="2">计算说明</th><th colspan="2">费　用</th></tr>
<tr><th>固　定</th><th>变　动</th></tr>
<tr><td>设备成本</td><td>车辆折旧</td><td></td><td></td><td></td></tr>
<tr><td>运转成本</td><td>燃油成本</td><td></td><td></td><td></td></tr>
<tr><td rowspan="4">维持成本</td><td>车辆年检</td><td></td><td></td><td></td></tr>
<tr><td>车辆维修</td><td></td><td></td><td></td></tr>
<tr><td>车辆保险</td><td></td><td></td><td></td></tr>
<tr><td>其他费用</td><td></td><td></td><td></td></tr>
<tr><td rowspan="2">人工费用</td><td>司机工资</td><td></td><td></td><td></td></tr>
<tr><td>送货员工资</td><td></td><td></td><td></td></tr>
<tr><td colspan="3">小　计</td><td></td><td></td></tr>
<tr><td colspan="3">合　计</td><td colspan="2"></td></tr>
</table>

对于物流车辆每月的总载货量，有条件的企业，如安装车辆管理系统或者运输管理系统，可以直接通过系统导出车辆在某段时间内载货量；对于没有条件的企业来说，同样可以通过每天记录的方式来统计某个车辆在某段时间内载货量。

假设将某车辆在某段时间内的载货量与车辆总成本的比用 R 表示，它反映单位成本下载货量的大小，公式如下：

$$R = \frac{Q}{C}$$

式中：

Q ——载货量；

C ——车辆总成本。

物流企业在车辆管理中，通过设定标准 R 值来控制车辆成本与装载量的关系，当运费率偏高时，表明企业的车辆装载量偏低或者车辆成本偏高。假设该标准 R 值为 R^* ，即当 $R < R^*$ 时，企业要提高车辆等待时间来提高装载量，或者在装载量不变的条件下控制车辆成本。

例：假设某物流企业的某一辆厢式货车，购买价格为 50000 元，折旧年限为 4 年，估计 4 年后可以卖到 10000 元，通过对该车辆某一天的载货量统计，得出该车辆当天总载货量为 100 立方米，该种车型的标准运费率和该车辆的其他相关费用如表 5 – 7 所示：

表 5 – 7　　车辆日运营成本分析表

项　目		计算说明	费　用	
			固　定	变　动
设备成本	车辆折旧	（50000 – 10000）/4 年 = 10000 元/年 每天折旧费用 = 10000 元/365 天 = 27.40 元/天	27.40	
运转成本	燃油成本	以 8.8 千米/升计，每日行驶 120 千米，每升 6.15 元 120 ÷ 8.8 × 6.15 = 83.86 元/天		83.86
	车辆路桥	1500 元/年 ÷ 365 天 = 4.11 元/天	4.11	
维持成本	车辆年检	500 元 ÷ 365 天 = 1.37 元/天	1.37	
	车辆维修	以每日 50 元计算		50.00
	车辆保险	3066 元 ÷ 365 天 = 8.4 元/天	8.40	
	其他费用	每日 80 元计算		80. 00
人工费用	司机工资	以每月 2550 元计算	85.00	
	送货员工资	以每月 1500 元计算	50.00	
小　计			176.28	213.86
合　计			390.14	

已知：

固定成本 $C_1=176.28$；

变动成本 $C_2=213.86$；

总成本 $C=C_1+C_2=176.28+213.86=390.14$；

载货量 $Q=100$。

如果设定 $R^*=0.20$，

则：$R=Q/C=100/390.14=0.2563$。

由于 $R>R^*$，所以该车辆的运营成本良好，无须再通过提高配载率降低运营成本。

5.3 车辆运营模式分析

当配送任务产生以后，物流企业车辆应该选择外包还是自购，什么条件下应该选择自购，什么条件下应该选择外包？影响车辆选择的因素很多，如企业决策者偏好、客户对物流服务的要求等，如果客户对服务要求特别高，通过外包就无法实现要求。下面主要通过成本因素、核心竞争力因素两个方面来阐述。

（1）成本因素分析

简单的说，成本对车辆外包还是自购的影响就是当自购车辆产生的物流成本比外包车辆产生的物流成本高时，就选择外包车辆。相反，则选择自购车辆。

假设某一物流车辆某月的总成本为 C，包括车辆折旧分摊、车辆保险、耗油费等，其中，固定成本为 $C_{固}$，变动成本为 $C_{变}$（具体核算方法可参考7.2）。相同车辆的外包费用为 C^*/月，则当 $C>C^*$，车辆外包成本偏低，选择车辆外包模式；当 $C<C^*$ 时，自购车辆成本偏低，选择车辆自购模式。一般情况下，在企业发展初期，受到企业规模的影响，物流企业一方面要专注于自身核心竞争力的建设；一方面又要在最低物流成本下提供较好的物流服务，这时候可以通过车辆外包的方式来解决运输和配送的车辆问题。当企业发展到一定规模之后，即达到规模经济水平，选择自购车辆来满足运输或者配送的需求。在车辆成本曲线上则表现为自购车辆成本曲线起点高，但斜率的增长水平较慢；而外包车辆的成本曲线起点为零，但斜率的增长水平很快。

（2）物流企业核心竞争力因素

不同类型的物流企业的核心竞争力是不一样的，比如，仓储型物流公司就是以完善的仓储设施，提供最优的仓储服务为它的核心竞争力；运输型物流公司就是以完善的运输网络，提供最好的运输服务为它的核心竞争力。在企业规模不大的条件下，物流企业无法用自身力量提供更多的物流服务，这种条件下，物流企业通过外包方式来为客户通过一体化的物流服务，弥补自身功能上的缺陷。

5.4 车辆绩效考核

车辆绩效考核是车辆管理的重要内容，车辆绩效考核可以分为固定绩效考核部分和变动绩效考核部分，其中，固定绩效考核部分一般占到总考核的60% ~70%，考核内容每月都是固定不变的；变动考核部分每月会根据上月的考核情况作出变化。

（1）固定绩效考核

固定绩效考核部分是车辆绩效考核的重点，它能反映该车辆当月整体运行情况。物流企业在设计固定绩效考核指标时，可以从以下几个方面考虑：

①车辆事故考核

车辆事故考核是指车辆当月在一定的行驶里程中发生的事故次数，它反映车辆的安全指标。该考核的制定可参考下述公式：

$$\text{车辆事故频次}=\frac{\text{事故次数}}{\text{车辆使用时间（月）}}\text{（次/月）}$$

②车辆违章考核

车辆违章考核是用来衡量驾驶员是否按照国家相关法律法规正确驾驶的标准，同时，相关法律法规对诸如违章停车、乱闯红灯等违章也作出了具体的金额处罚的规定。该考核的制定可参考下述公式：

$$\text{车辆违章频率}=\frac{\text{当月违章次数}}{\text{当月行驶里程}}\text{（次/千米）}$$

③车辆维修考核

车辆维修考核是考核该车辆是否被正确的利用，因为车辆维修与车辆的行驶记录、驾驶员操作、车辆日常维护有很大关系，对车辆维修考核可以有效监督驾驶员正确的操作车辆、爱护车辆。该考核制定可参考下述公式：

$$车辆维修费用率=\frac{当月维修费用}{当月行驶里程}（元/千米）$$

④利用率考核

利用率考核是检验车辆每月是否被充分利用，是否车辆的满载率较低，通过该指标制定可为车辆的装载量提供指导意见。该考核的制定可采用下述公式：

$$车辆利用率=\frac{实际运输量（体积）}{可运输总量（体积）}\times 100\%$$

这里的运输总费用和运输总重量（体积）都是单位运输车辆的总费用和总重量（体积），该指标用来衡量在出车次数一定的情况下，如车辆满载10立方米，运输总费用（总收入）越高，显然车辆的利用率就越高，这是衡量效益的很重要指标。

⑤货损货差率考核

货损货差率考核是用来衡量该运输车辆当月是否有货损货差现象的发生。该考核的制定可采用下述公式：

$$货损货差率=\frac{货损货差金额}{运输总金额}\times 100\%$$

⑥消耗油耗指标考核

该指标的制定可以衡量当月该车辆是否有滥用情况的发生，可有效控制车辆的使用效率。

$$油耗考核=\frac{车辆实际油耗/车辆实际行驶里程}{车辆标准油耗/千米}$$

（2）变动绩效考核

变动绩效考核是固定绩效考核的补充，固定绩效考核反映当月运行状态；而变动绩效考核反映考核的完成情况，如上月货损货差率为5%，下月的变动绩效考核的设定为货损货差率降低50%；它更多的是体现改善的状况。变动绩效考核可以根据当月考核的数据，再参考考核的标准，通过对比来发现哪些没有达标，哪些需要控制，通过设定变动绩效考核来考量。具体考核内容，企业可以根据实际情况作出具体分析。表5－8是车辆考核的样本。

（3）总绩效考核

将上述车辆考核表汇总到一个表格中，得出车辆的考核总表，如表5－8所示：

表 5-8 车辆考核总表

考核内容	考核标准	上月指标	本月指标	变动率	处罚金额	奖励金额	车辆牌照	司机签字
事故频率								
违章频率								
维修费用率								
利用率								
货损货差率								
油耗考核								
变动考核								

5.5 小结

本单元首先介绍了车辆需求量的计算方法，然后介绍如何利用节约里程法对配送线路进行优化；其次介绍了车辆选型的方法；再则介绍了车辆成本的组成和计算方法，车辆自购或者外包模式选择的分析；最后则介绍了车辆的日常管理和车辆绩效考核。

5.6 思考题

1. 配送总量求解和节约里程法求解两种计算方法有哪些不同?
2. 车辆的固定成本和变动成本有哪些?
3. 何种情况下物流企业选择外包物流车辆?
4. 车辆日常管理的内容有哪些?
5. 车辆绩效考核指标有哪些?

单元1 物流企业管理概述　单元2 物流服务类型　单元3 物流项目开发　单元4 物流网络选址　单元5 车辆管理

单元6 物流服务管理　单元7 物流企业财务管理　单元8 物流信息化　单元9 物流标准与法律法规

单元6　物流服务管理

学习目标

1. 掌握物流服务的概念；
2. 掌握物流服务质量管理流程；
3. 掌握 PDCA 方法进行物流服务质量管理；
4. 掌握客户投诉的处理流程。

6.1 物流服务概述

6.1.1 物流服务概念

物流服务（Logistics Service）为满足客户需求所实施的一系列物流活动产生的结果。它包括以下两个要素：

■ 按照客户要求进行的物流活动，这个活动既可以是单纯的配送管理，也可以是从采购入库到库存管理再到配送管理等多项物流活动的总和。

■ 客户满意，对于第三方物流企业来说，既包括自身客户也包括客户的客户。因此，从不同角度分析，对物流服务的理解也是不一样的。如：客户从发出订单到收到货物的过程可以看做是一项物流服务；产品包装等单纯的某项物流活动也可以看做是一项物流服务。

6.1.2 物流服务的重要意义

（1）物流服务已成为企业差别化战略的重要内容

随着市场竞争的加剧及价格的日趋透明化，企业之间单纯的价格竞争已经无法实现差异化的经营方式，通过高质量的物流服务可以在交货及时性、配送准确率等方面提高企业竞争力，实现物流服务差异化。

（2）物流服务能够有效降低企业经营成本

对于大多数企业而言，由于物流不属于核心业务，所以很难进行专业化的改善，但物流却对企业的业绩有着重要影响。同时，受到企业自身业务量的影响，无法实现规模化运作，而第三方物流服务通过专业化和规模化运作在不影响物流服务质量的条件下来降低企业经营成本。

（3）物流服务日益深刻地影响企业经营绩效

在产品日趋同化的今天，企业之间的竞争已经不是产品与产品之间的竞争，而是服务质量的竞争，物流服务作为企业服务内容的重要部分，已经受到越来越多企业的重视。据一项调查显示物流服务的重要程度已经越来越高，图 6－1 所示客户对物流服务不满意采取的活动及比重：

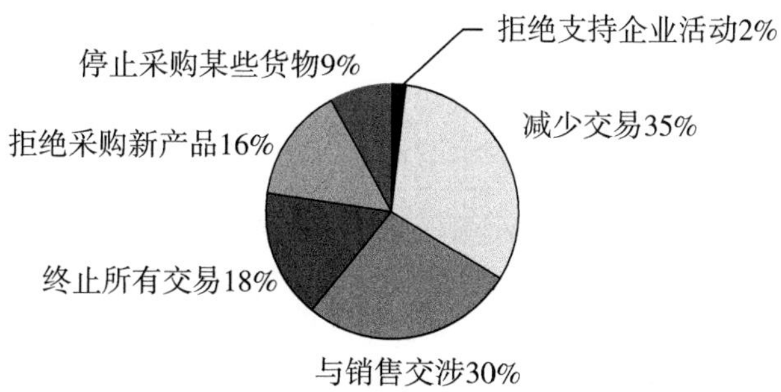

图 6－1　物流对销售影响

从图 6－1 可以看出，有 35% 的客户选择减少交易金额，18% 的客户选择终止所有交易，只有 30% 的企业选择与销售进行交涉，可以看出物流服务对企业的经营产生越来越重要的影响。

（4）物流服务是有效联结供应链经营系统的重要手段

物流服务区别于其他服务，它能够推动物品从供给者向需求者之间的流通，在流通过程中伴随着商品信息的传递，通过信息的传递让企业及时了解市场动态。

6.2　物流服务质量管理

6.2.1　物流服务质量管理流程

物流服务质量管理是指通过对物流服务质量进行管控达到提升物流服务质量的一系列活动总和。一般情况下，物流服务质量管理流程如图 6－2 所示：

务质量管理流程

（1）物流服务信息收集

建立物流服务工作标准的首要任务是确定客户对物流服务的看法，确定客户最需要的物流服务是什么，在开展物流服务信息收集工作时，可以从以下几个方面展开：

①确定客户对现有物流服务水平的评价

在确定客户对现有物流服务水平评价时，要尽可能真实的了解客户对物流服务水平的理解，比如，一些客户认为从下单开始到收到货物为止这段时间都是物流服务时效，但实际上前期的订单信用审核、订单商品种类数量核对等订单前期处理工作并不属于物流时效计算范围。只有让客户充分地理解真正的时间计算方法，才可以让自己的服务更大程度地得到客户的认可，给予正确的评价。

②确定哪方面物流服务是客户最为关心的

物流服务的内容会因为行业不同而不同，除了传统的物流时效、服务态度等常规内容之外，有些行业可能还包括货物暂存、发货前短信或电话通知等一些附加物流服务。因此，确定哪些服务内容是客户最为关心的，可以帮助企业正确的改善物流服务。

③确定客户还需要哪些额外物流服务

在调查客户对物流服务的看法时，要追问一下客户是否还需要其他物流服务，是否愿意为这些附加物流服务支付更多的物流费用。

④确定客户对竞争对手的评价

调查客户对物流服务的态度最终目的是为了提高物流服务水平，在同竞争对手的竞争中占得先机，所以在调查时可以了解客户对竞争对手服务水平的态度，了解竞争对手在哪些方面是客户比较满意的，哪些是客户不满意的。

以上是在客户物流服务调查时需要做的工作，通过综合以上内容，可以设计一份问卷调查表来调查所有客户对物流服务的认知，如某企业设计的问卷调查表如表 6－1 所示。

（2）物流服务现状分析

在做完物流服务质量调查之后，要对调查的内容进行整理分析，一般分析可以从两个方面进行分析：

①自我服务水平分析

企业要根据调查来的数据，对企业的物流服务水平进行分析，确定哪些服务项目是客户满意的，哪些是客户不满意的。

表 6－1　　物流服务问卷调查表

×××物流公司物流服务质量问卷调查表

受访公司：

受访人：　　　　　　　　受访人职位：　　　　　　　　受访人电话：

记录人：________

1. 调查项目：

调查项目	非常好	很好	一般	很差	非常差
订单处理快捷					
配送员工服务态度好					
货物查询方便					
客服服务态度好					
送货前电话预约					
送货无损坏货物					
提供绿色通道物流服务					
根据需要提供附加物流服务					

2. 除上述物流服务外，您还需要什么样的物流服务？

____

____

3. 同竞争对手相比，您觉得我们的物流服务水平差在哪里？哪些方面是比较优秀的？

②竞争对手物流服务水平分析

除了对自身物流服务水平进行分析之外，还要对竞争对手进行分析，确定哪些方面是优势，哪些方面是劣势。

企业在物流服务内容上与竞争对手比较时，可采用图表法直观的显现出来，如图 6－3 所示：

（3）物流服务内容制订

第三方物流企业在制订物流服务内容时，要注意以下几点：

①物流服务的标准要明确

标准要明确是指物流服务要表述清楚，具有量化指标，能够进行定量控制和评估。如订单处理，某物流企业就要求从收到出仓单算起，2 个小时之内将货物送至客户，每月总订单量的 95% 达标算是及格。

物流服务标准须明确的主要原因：明确的目标可以为员工工作提供指导方向，激发员工的责任心；明确的目标也可以帮助企业正确评估自身服务水平，为改善工作提供指导方向。

②物流服务对象要分类

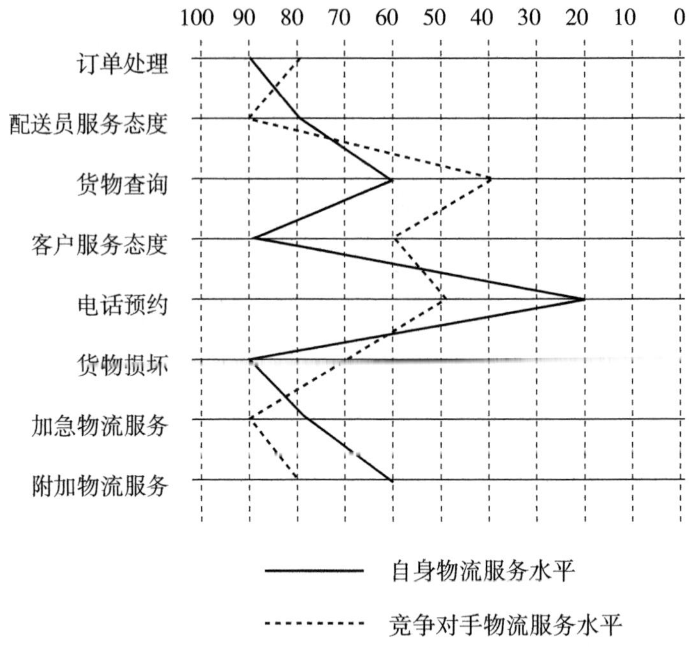

图 6－3　物流服务质量比较表

即使物流企业各项指标都比较好，但由于客户对高质量物流服务的追求，会导致客户对物流服务永远处于不满足状态，这时候物流企业要根据客户情况进行分类，按照 ABC 分类方法为不同的客户提供有差别的物流服务，如图 6－4 所示。

a. 最重要客户群或为企业带来最多收益的客户群；

b. 较重要客户群或为企业带来较多收益的客户群；

c. 不重要客户群或为企业带来很少收益的客户群。

如，某物流企业服务客户为 ABCDEF 六个客户，为其下游客户提供物流配送服务，如图 6－5 所示。此时，物流企业可以根据 ABCDEF 六个客户带来的总收益对其进行分类，如 A 客户和 C 客户为其带来 70% 的总收益，那么 AC 客户为物流企业的重要客户，在提供

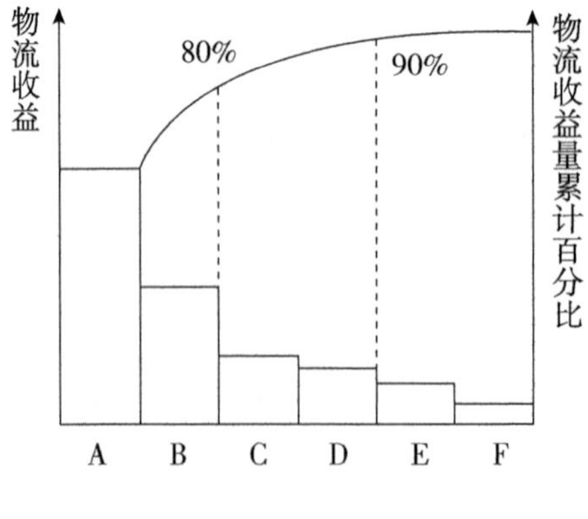

图 6－4　物流客户帕累托分类

物流服务时，要尽可能满足对方的需求。E 客户只为其带来 5% 的总收益，则 E 客户为非重要客户，在为其提供物流服务时，只需满足其基本的配送服务需求即可，无须投入大量的人力、物力来满足对方各种各样的物流服务需求。

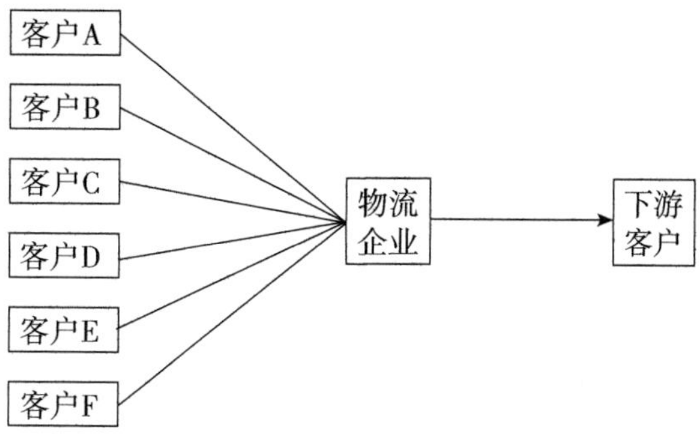

图 6-5　物流企业服务模式

③物流服务内容差异化、经济化

在制订物流服务内容时，要根据客户实际调查结果，参考客户对竞争对手的评价，重点突出自身优势，弥补自身劣势。同时，物流服务内容制订时要经济可行，不能盲目追求高标准、高质量的物流服务，也要参考自身经济实力，尽可能地为客户提供更好的物流服务。

（4）物流服务机制建立

物流服务机制建立是指将建立起来的物流服务内容及标准纳入公司章程，每个员工在工作过程中要以服务客户为宗旨，培养员工良好的客户服务意识。

（5）物流服务综合评价

物流服务机制建立起来之后，物流企业要定期对服务机制的实施情况进行检查评价，评价方法可以根据制订的相关物流服务标准进行综合打分，确定物流服务水平是否有所变化，同时也要根据市场情况不断地更新，完善服务内容和标准，以适应市场发展的需要。

6.2.2　物流服务质量管理方法

（1）PDCA 方法

PDCA 质量管理法是由美国质量管理专家戴明博士将其运用到质量管理中，总结出“策划（Plan）、实施（Do）、检查（Check）、处置（Action）四个阶段，成为 PDCA 循环。如图 6-6 所示：

①PDCA 实施步骤

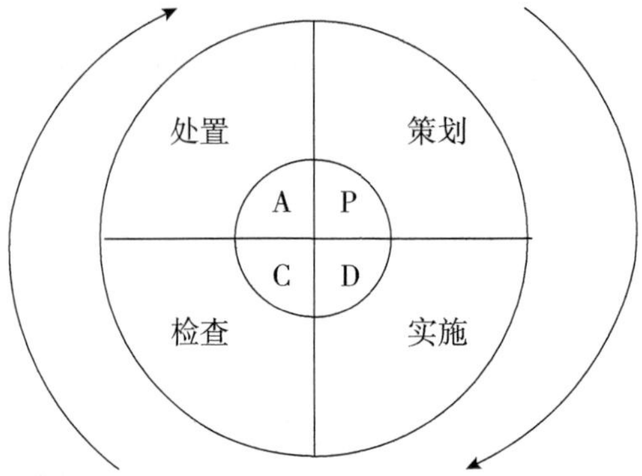

图 6－6　PDCA 示意

PDCA 循环是质量管理的工作方法，也是做一般事情的规律。开展某项工作，事先必须进行策划，然后实施计划，再将实施的结果与计划目标进行检查比较，找出问题，最后根据检查的结果，把成功的经验加进来，将找出的问题作为下一个 PDCA 的处理目标，直至解决问题，PDCA 循环就是按照这样的顺序进行质量管理，按照顺时针转动，循环不止，直至解决问题的质量管理方法。在应用 PDCA 进行质量管理时，一般又将该方法划分为“四个阶段、八个步骤”，如图 6－7 所示：

策划阶段（P 阶段），该阶段包括四个步骤：

a. 分析现状，找出问题；

b. 找出问题发生的原因；

c. 找出问题发生的最主要原因；

d. 制定措施计划。

实施阶段（D 阶段），该阶段包括一个步骤：

e. 按计划实施。

检查阶段（C 阶段），该阶段包括一个步骤：

f. 调查结果。

处置阶段（A 阶段），该阶段包括两个步骤：

g. 总结经验，巩固成绩，将工作结果标准化；

h. 提出遗留问题并处理。

②PDCA 的特点

■ 大环套小环

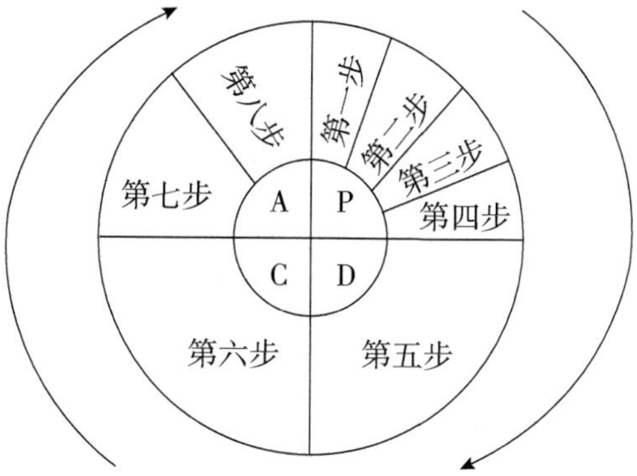

图 6－7　PDCA 四个阶段、八个步骤

对于企业来说，整个企业构成一个大的 PDCA 循环，而企业的各个部门或者各个分支机构又有各自的 PDCA 循环，依次又有更小的 PDCA 循环，从而形成一个大环套小环的综合管理体系。在这个综合管理体系中，上一级 PDCA 循环是下一级 PDCA 循环的依据，下一级 PDCA 循环是上一级 PDCA 循环的保证。通过大小 PDCA 循环的不停转动，就把企业的各个环节、各项工作有机地组织成一个统一的质量体系，实现总的质量目标。如图 6－8 所示：

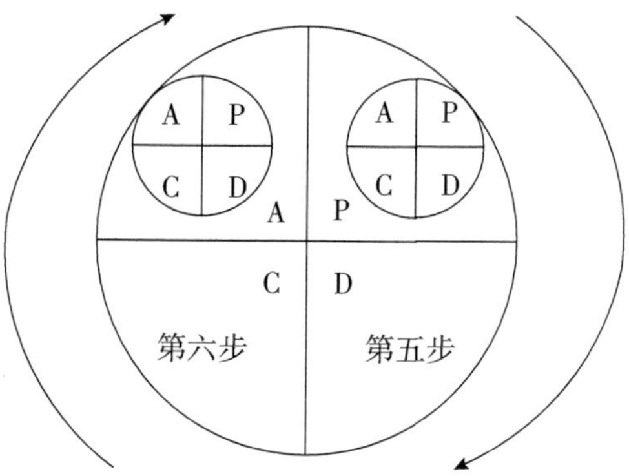

图 6－8　多层次 PDCA

■ 螺旋上升 PDCA

管理螺旋式上升，因此有人将其形象的称为“走楼梯”。PDCA 四个阶段周而复始地循环，每循环一次，质量水平就提高一次，循环往复直至解决问题，如图 6－9 所示：

■ PDCA 循环是综合性循环

PDCA 循环的四个阶段是相对的，各个阶段之间不是截然分开的，而是紧密衔接成一体的，甚至有时候是边计划边执行，边执行边总结，边总结边改进地交叉进行。

■ “处置”阶段是关键

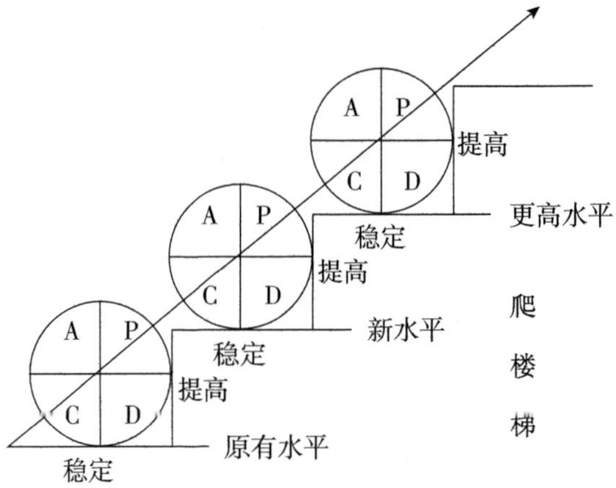

图 6 – 9　螺旋上升 PDCA

在企业的质量管理中，往往是计划、布置多，实施、检查少，总结、处理更多。只有 PDC 阶段，而没有 A 阶段，或者有 A 阶段但没有起到应有的作用，使 PDCA 循环不能顺利进行，工作质量和产品质量难以提高。因此，在 PDCA 循环的运转中“处置”阶段十分关键，它具有承上启下的作用。只有很好地进行了 A 阶段的工作，才能切实地把 PDCA 循环转完一圈，把成功的经验和失败的教训纳入标准（规则、制度）中去，就可以防止同类问题的再发生，质量管理水平就可以不断提高。

（2）6 西格玛质量管理方法

① 6 西格玛质量管理核心思想

6 西格玛质量管理就是以 6σ 值为目标，在增强顾客满意度，使经营资源的消费控制到最小限度下，使用统计手段，改善日常的作业流程，提升企业经营效益的有效管理方法。

② 6 西格玛质量管理主要阶段

6 西格玛质量管理总共分为 5 个阶段，即：D（定义）—M（测量）—A（分析）—I（改善）—C（控制），每个阶段工作的任务各不相同，如，定义阶段主要是找到问题的所在，确定改善的目标，在确定改善目标时，要注意改善目标在公司改善的控制范围内，即改善的是主观原因，而非客观原因造成的问题；测量阶段的关键点是将客户反映的问题进行量化，如客户反映配送时效差，这里就需要将配送时效差进行量化，如配送准时率指标等；分析阶段则是主要将客户反映的问题进行分解，找出造成这些问题的主观原因，并将这些原因进行量化排序，找出主要原因和次主要原因。6 西格玛质量管理的分析方法是流程分析和数据分析两种分析方法的综合，通过收集的数据对每一个环节进行逐一诊断，直至找出问题环节；改善阶段则是设定改善目标值并根据分析结果组织相关人员实施改善方案；控制阶段则是对改善方案进行监控，确保6西格玛质量管理的成果具有可持续性。每个阶段的主要工作及意义如表6－2所示：

表6－2　　6西格玛质量管理5阶段主要工作及意义

阶段	主要工作	工作意义
定义	定义影响客户物流服务满意度的关键品质特性（Critical－To－Quality，简称CTQ）	明确6西格玛质量管理改善的方向和目标，如，提高配送准确率，降低货损货差率等
测量	测量现阶段公司CTQ的实际指标	对指标进行量化，对工作改善的目标和成果清晰化
分析	分析影响CTQ指标的原因，并对影响原因进行排序，确定主要原因	确定对影响服务质量的关键因素进行改善
改善	确定CTQ的改善目标值并实施，该值的确定可以综合客户的期望及企业的实际情况，也可以参展同行业的服务水平	将之前的分析成果进行实施，达到6西格玛质量管理的目标
控制	将改善成果进行标准化，并运用相关工具对实施成果进行监控	使6西格玛质量管理具有可持续性

③ 分析工具图例

在6西格玛分析工具中，有些是数据分析工具，如直方图、趋势图等，这些分析工具可以通过Excel操作来实现，关键点是保证分析数据的准确性；而有些是原因分析，如因果矩阵图、鱼刺图等，这些分析工具可以通过MS－Office系列工具的操作来实现，关键点是对流程的把握要准确，对原因分析要全面。图6－10是6西格玛分析工具的部分图例：

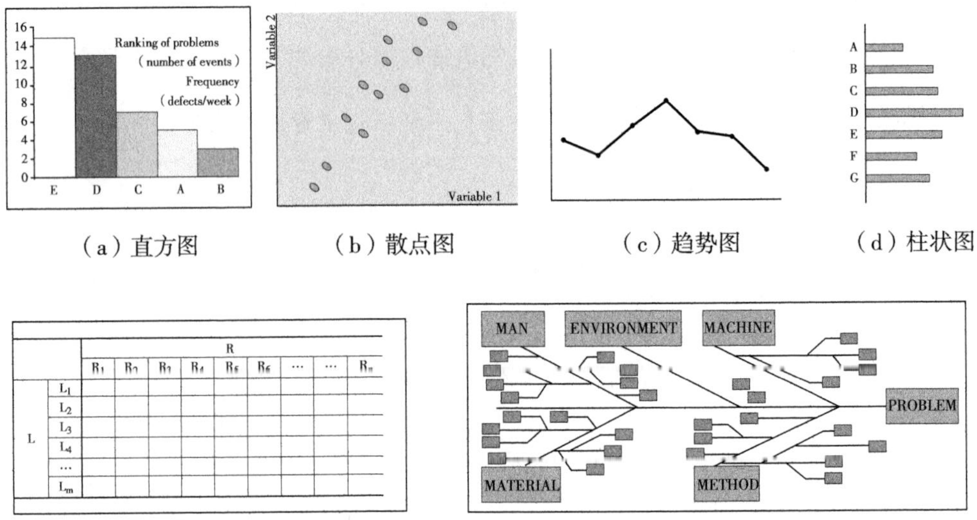

（a）直方图　（b）散点图　（c）趋势图　（d）柱状图

（e）矩阵图　（f）鱼刺图

图 6－10　6 西格玛质量管理相关图表

6.3　物流客户信息管理

物流客户信息管理对于企业的市场营销活动是至关重要的，它可以大规模、全方位收集、分析客户信息，能够为市场营销提供越来越丰富的数据资源。现代企业常用 CRM 软件来进行客户的信息管理工作。

6.3.1　物流客户信息管理的作用和意义

（1）有效整合客户的关键信息

记录客户的详细信息及以往与客户的联络情况，包括客户档案管理、联络记录管理等。其中客户档案除包括客户名称、所属行业、地址等基本信息，还将客户按不同标准分类，以便对客户信息的准确把握和物流需求预测；联络记录详细记载了每次与客户联系的时间、方式、情况、结果等，这些信息的记录都是为了在对客户进行进一步联络时更加具有针对性，使专门与客户打交道的部门能够随时得到与客户相关的资料，真实和全方位的了解客户。

（2）为客户提供个性化服务，增加客户对企业的忠诚度

物流企业能够将服务业务扩展到互联网上，使客户能够通过 Internet 选择并购买具有

个性化配置的产品和服务，真正实现订制的个性化服务。客户通过浏览网页了解感兴趣的产品，提出服务请求、查阅产品常见问题的答案、在线订购所需服务并检查服务状况、查看和支付账单等。物流企业通过客户的购买服务数据，能够针对不同客户创建个性化的促销和服务建议，并通过 Internet 向客户发出这些建议。例如，当一客户通过企业的网页购买了物流服务方案后，销售系统会记录下客户购买和浏览过的服务内容，当他再次进入企业的网页时，系统识别出他的身份后就会根据其喜好推荐有关物流方案。客户浏览的次数越多，系统对他了解的就越多，也就能更好的为他服务。这种有针对性的服务对于维护客户的忠诚度有极大帮助。

（3）提高售前工作的效率和质量

对有关物流基础方案的信息及销售、库存等情况的查询、分析，可以使营销人员能够对市场营销活动有效的加以计划、执行、监视和分析。根据客户需求设计和分发宣传品，对有购买意向的客户跟踪、分配和管理等。这些功能可帮助企业实施针对性强、效率高的市场营销活动，从而争取和保留更多的目标客户。

（4）企业对市场条件的变化做出及时反应

物流客户关系管理收集、积累了大量与客户服务及产品销售有关的数据，在此基础上能够提供完善的数据挖掘、分析能力，根据历史记录预测未来他们的购买意向及市场销售的趋势。包括竞争对手档案管理信息，详细记录竞争对手的优势和不足，用来帮助营销人员在制定营销战略时扬长避短，从而最终在竞争中获胜。

6.3.2 物流客户信息管理应用

（1）收集、整合客户信息，建立一对一的个性化档案

对于市场变化、客户销售收入、客户的人口统计资料等数据，企业要将这些分散、众多的客户数据集成，组建一个能够反映企业客户群特征和要求的完整背景资料，构成并提供客户的总体、统一、具体的客户分析。

（2）找出企业的真正客户，挖掘利用客户潜在价值

客户是企业的资产，但并不是每一位客户都是企业的重要资产，在资源约束条件下，只有那些为企业带来利润，因为满意的服务而推荐潜在客户的客户才是真正的客户，因此，按照 80/20 法则，那些经常、重复购买企业的产品和服务，并且对这些产品和服务有

着深刻理解和认识的20%客户，将成为重要客户，他们理应得到更多的企业附加服务。企业要通过分析客户的行为、要求、购买倾向、购买能力，以及他们与企业整体发展的战略关系，利用这些客户的潜在价值。

（3）为客户提供互动、个性化服务

一个成功实施CRM的企业，往往会让客户自己对企业了解其需求的全面而惊讶。原因就在于企业对客户的需求及其变动通过CRM系统完全处于一种互动的接收和反应之中，这种互动的个性化服务既让企业提高了经营效率，也让客户增强了对企业的信任。

6.4 客户投诉管理

6.4.1 客户投诉处理流程

物流服务质量体系建设对提升物流企业服务质量固然重要，但再好的物流服务也会有客户的投诉，因此，良好的物流服务技巧可以弥补规章制度带来的缺陷，提升物流服务水平。在面对客户投诉时，物流企业一般遵循的处理流程如图6－11所示。

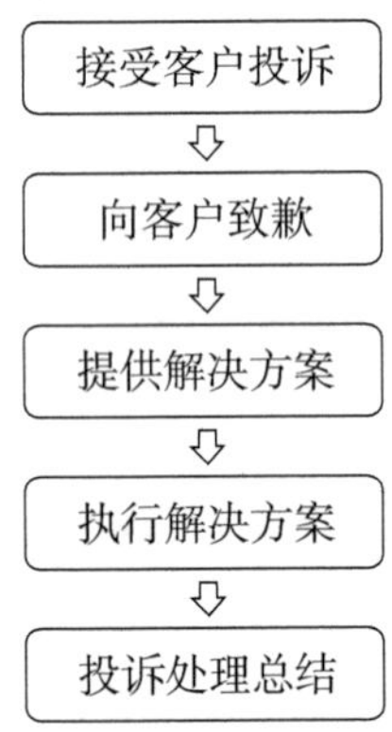

图6－11 客户投诉处理流程

（1）倾听客户投诉

客户只有在利益受到损害时才会投诉，物流企业在接到客户投诉时，首先要耐心倾听客户投诉的内容，并做好投诉记录，待客户叙述完毕后，复述客户投诉的内容。在倾听客户投诉时，不要随意打断客户说话，也不要对客户的投诉表示不满甚至极力辩解。在与客户确认投诉内容之后，根据投诉事情的重要程度，可以当场答应帮助客户解决问题当时就解决，对于比较重大的问题，如涉及经济纠纷的问题，当时无法解决的，要给客户一个明确的答复时间承诺，不管到时候有没有提出解决办法，都要给客户答复，让客户了解投诉处理进展情况，直至投诉解决。

（2）向客户致歉

物流企业在接到客户投诉时，在倾听完客户投诉之后，不管是不是因为物流的原因，都要向客户表示歉意，并及时告知正确的解决问题的途径。因为对于第三方物流企业来说，不管是货物所有人还是货物接收人都是物流企业的客户。能够帮助客户分担它的客户带来的投诉，可以加深客户对物流企业的良好印象。

（3）提供解决方案

在对客户投诉做出解决方案时，一般会遵循一定的处理流程，如图 6－12 所示。

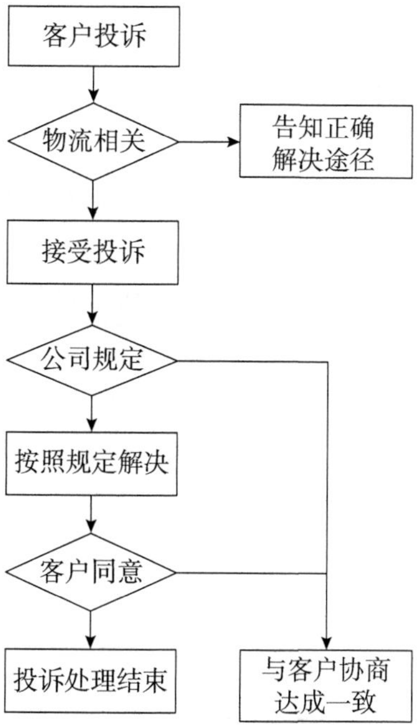

图 6－12　投诉解决流程

在做出客户投诉解决方案时，首先，要明确公司是否有此类处理投诉的办法和规定，如果有此类规定，应当依照公司规定为客户提供解决方案；其次，要掌握客户投诉问题的重点，分析投诉事件的严重性，是否对客户造成了经济上的损失，如果造成损失，客户希望解决的办法是什么，这些在倾听客户投诉时要记录下来；再次，在处理客户投诉时，要明确自身的职责范围，不能做出超出自身解决范围之外的方案，对于自己当时无法答复客户的，要尽快向上级领导汇报相关情况，由上级领导做出决定性解决方案。

（4）执行解决方案

双方就解决方案达成一致意见后，要立即执行，对于能够当时解决的，当场解决；当时不能立即解决的，要询问并记录下客户的公司名称、联系人姓名、联系方式、投诉内容等重要信息，在调查清楚客户投诉的内容之后应立即给予客户答复，告知公司处理投诉的处理流程，并随时保持联系，直至投诉解决。

（5）投诉处理总结

在处理完客户投诉之后，要做好投诉处理总结工作，一般包括以下两个方面：

①做好客户投诉记录，客户投诉记录包括客户投诉登记表，客户投诉调查表，客户投诉处理表及每月、每季度或每年的客户投诉分析统计表；

②与相关责任人沟通，确保今后类似事故不再发生。

6.4.2　处理客户投诉常用样表

表 6－3、表 6－4、表 6－5 和表 6－6 是客户投诉记录相关表格样本：

表 6－3　　×××物流公司客户投诉登记表

投诉客户名称：	营业地址：
受理日期：	受理编号：
投诉方式：	
投诉理由：	
投诉要求： 受理人签字：__________	

表 6－4　　×××物流公司客户投诉调查表

受理事件		发生原因	调查结果	处理建议	
编号	投诉客户			对策	改进

表 6－5　　×××物流公司客户投诉处理表

客户名称		处理编号		处理部门		处理日期	
投诉处理结果							
客户意见							
受理人意见							
部门经理意见							

表 6-6　×××物流公司客户投诉月度分析统计表

投诉		客户姓名	投诉内容	责任人	处理方式	损失
日期	编号					

6.5 小结

本单元首先介绍了物流服务的概念及重要意义；其次介绍了物流企业质量管理流程，PDCA 法、6 西格玛法等物流质量管理；再次介绍了物流信息管理的意义和应用；最后介绍了物流的客户投诉处理流程及方法。

6.6 思考题

1. 如何对竞争对手服务水平进行评价？
2. 为什么说 PDCA 循环具有大环套小环的特点？
3. 物流质量管理的流程是什么？
4. 如何运用帕累托图进行物流服务质量管理？
5. 客户投诉处理的流程是什么？

单元 7　物流企业财务管理

学习目标

1. 掌握衡量物流企业财务优劣的指标有哪些；
2. 掌握各个物流企业财务指标的意义；
3. 掌握物流成本的分类；
4. 掌握物流成本如何核算；
5. 掌握物流企业的收入如何计算；
6. 掌握物流企业的所得税如何计算；
7. 掌握物流企业的利润如何计算。

7.1 物流企业成本核算

7.1.1 传统成本核算法

物流成本是指物流活动中所消耗的物化劳动和活劳动的货币表现。即产品在包装、运输、储存、装卸搬运、流通加工、物流信息、物流管理等过程中所耗费的人力、物力和财力的总和以及与存货有关的资金占用成本、物品损耗成本、保险和税收成本。

企业在进行物流成本计算时，首先要明确物流成本计算的内容，根据国家标准《企业物流成本构成与计算》的规定，物流成本的计算对象可以从成本项目类别、范围类别和形态类别三个方面进行计算。

（1）成本项目类别物流成本：指以物流成本项目作为物流成本计算对象，具体包括物流功能成本和存货相关成本。其中，物流功能成本指在包装、运输、仓储、装卸搬运、流通加工、物流信息和物流管理过程中所发生的物流成本。存货相关成本指企业在物流活动过程中所发生的与存货有关的资金占用成本、物品损耗成本、保险和税收成本。具体如表7－1所示。

（2）范围类别物流成本：指以物流活动的范围作为物流成本计算对象，具体包括供应物流、企业内物流、销售物流、回收物流和废弃物流等不同阶段所发生的各项成本支出。如表7－2所示。

（3）形态类别物流成本：指以物流成本的支付形态作为物流成本计算对象。具体包括委托物流成本和企业内部物流成本。其中，企业内部物流成本其支付形态具体包括材料费、人工费、维护费、一般经费和特别经费，如表7－3所示。

表 7－1　　成本类别物流成本构成表

<table>
<tr><th colspan="3">成本项目</th><th>内容说明</th></tr>
<tr><td rowspan="7">物流功能成本</td><td rowspan="5">物流运作成本</td><td>运输成本</td><td>一定时期内，企业为完成货物运输业务而发生的全部费用，包括从事货物运输业务的人员费用、车辆（包括其他运输工具）的燃料费、折旧费、维修保养费、租赁费、养路费、过路费、年检费、事故损失费、相关税金等</td></tr>
<tr><td>仓储成本</td><td>一定时期内，企业为完成货物储存业务而发生的全部费用，包括仓储业务人员费用、仓储设施的折旧费、维修保养费、水电费、燃料与动力消耗等</td></tr>
<tr><td>包装成本</td><td>一定时期内，企业为完成货物包装业务而发生的全部费用，包括包装业务人员费用，包装材料消耗，包装设施折旧费、维修保养费，包装技术设计、实施费用以及包装标记的设计、印刷等辅助费用</td></tr>
<tr><td>装卸搬运成本</td><td>一定时期内，企业为完成装卸搬运业务而发生的全部费用，包括装卸搬运业务人员费用、装卸搬运设施折旧费、维修保养费、燃料与动力消耗等</td></tr>
<tr><td>流通加工成本</td><td>一定时期内，企业为完成货物流通加工业务而发生的全部费用，包括流通加工业务人员费用、流通加工材料消耗、加工设施折旧费、维修保养费，燃料与动力消耗费等</td></tr>
<tr><td colspan="2">物流信息成本</td><td>一定时期内，企业为采集、传输、处理物流信息而发生的全部费用，指与订货处理、储存管理、客户服务有关的费用，具体包括物流信息人员费用、软硬件折旧费、维护保养费、通信费等</td></tr>
<tr><td colspan="2">物流管理成本</td><td>一定时期内，企业物流管理部门及物流作业现场所发生的管理费用，具体包括管理人员费用、差旅费、办公费、会议费等</td></tr>
<tr><td rowspan="3">存货相关成本</td><td colspan="2">资金占用成本</td><td>一定时期内，企业在物流活动过程中负债融资所发生的利息支出（显性成本）和占用内部资金所发生的机会成本（隐性成本）</td></tr>
<tr><td colspan="2">物品损耗成本</td><td>一定时期内，企业在物流活动过程中所发生的物品跌价、损耗、毁损、盘亏等损失</td></tr>
<tr><td colspan="2">保险和税收成本</td><td>一定时期内，企业支付的与存货相关的财产保险费以及因购进和销售物品应交纳的税金支出</td></tr>
</table>

表 7－2　　范围类别物流成本构成表

成本范围	内容说明
供应物流成本	指经过采购活动，将企业所需原材料（生产资料）从供给者的仓库运回企业仓库为止的物流过程中所发生的物流费用
企业内物流成本	指从原材料进入企业仓库开始，经过出库、制造形成产品以及产品进入成品库，直到产品从成品库出库为止的物流过程中所发生的物流费用

续 表

成本范围	内容说明
销售物流成本	指为了进行销售，产品从成品仓库运动开始，经过流通环节的加工制造，直到运输至中间商的仓库或消费者手中的物流活动过程中所发生的物流费用
回收物流成本	指退货、返修物品和周转使用的包装容器等从需方返回供方的物流活动过程中所发生的物流费用
废弃物流成本	指将经济活动中失去原有使用价值的物品，根据实际需要进行收集、分类、加工、包装、搬运、储存等，并分送到专门处理场所的物流活动过程中所发生的物流费用

表 7－3　　　　形态类别物流成本构成表

成本支付形态		内容说明
企业内部物流成本	材料费	资材费、工具费、器具费等
	人工费	工资、福利、奖金、津贴、补贴、住房公积金等
	维护费	土地、建筑物及各类物流设施设备的折旧费、维护维修费、租赁费、保险费、税金、燃料与动力消耗费等
	一般经费	办公费、差旅费、会议费、通信费、水电费、煤气费等
	特别经费	存货资金占用费、物品损耗费、存货保险费和税费
委托物流成本		企业向外部物流机构所支付的各项费用

考虑到范围物流成本的计算方式多应用于生产型物流企业，因此，对于物流企业的成本计算方式从成本项目和形态类别两个方面展开。可参照表 7－4 物流成本支付形态表。

表 7－4　　　　物流成本支付形态表

编制单位：　　　　年　　月　　　　单位：元

成本项目 \ 内部支付形态			材料费	人工费	维护费	一般经费	特别经费	合 计
物流功能成本	物流运作成本	运输成本						
		仓储成本						
		包装成本						
		装卸搬运成本						
		流通加工成本						
		小 计						
	物流信息成本							
	物流管理成本							
	合 计							

续 表

<table>
<tr><td colspan="2">内部支付形态
成本项目</td><td>材料费</td><td>人工费</td><td>维护费</td><td>一般经费</td><td>特别经费</td><td>合 计</td></tr>
<tr><td rowspan="5">存货相关成本</td><td>资金占用成本</td><td></td><td></td><td></td><td></td><td></td><td></td></tr>
<tr><td>物品损耗成本</td><td></td><td></td><td></td><td></td><td></td><td></td></tr>
<tr><td>保险和税收成本</td><td></td><td></td><td></td><td></td><td></td><td></td></tr>
<tr><td>其他成本</td><td></td><td></td><td></td><td></td><td></td><td></td></tr>
<tr><td>合 计</td><td></td><td></td><td></td><td></td><td></td><td></td></tr>
<tr><td colspan="2">物流成本合计</td><td></td><td></td><td></td><td></td><td></td><td></td></tr>
</table>

7.1.2 作业成本核算法

作业成本法（Activity - Based Costing），是一种通过对所有作业活动进行追踪动态反应，计量作业和成本对象的成本，评价作业业绩和资源利用情况的成本计算和管理方法。

传统成本核算法对直接费用的核算较为明确，对于间接费用的核算采用分配的方式进行，具有较大的随意性。而作业成本核算法的诞生就是基于传统成本核算对间接费用分配问题的深入思考。其基本思想如下：物流作业成本计算通过物流资源动因将物流资源分配到各个物流作业，形成作业成本库；再根据物流作业动因，建立物流作业与物流成本对象之间的因果联系，把物流作业成本库中的成本分配到成本对象；计算出成本对象的总成本和单位成本，由此可以将此成本和目标成本进行比较，从而实施物流成本的控制。

案 例

作业成本核算法应用

某仓储公司 A 同时服务于甲乙两个客户，月末时，其物流总成本、资源成本库、员工总工作时间和甲乙客户订单及占用资源表、作业动因表，如表 7 - 5、表 7 - 6 和表 7 - 7 所示：

表 7-5　物流总成本

支付形态	支付明细	相关费用
维护费	固定资产折旧	80000
人工费	货物进出库作业人员（4 人）	10000
	仓储管理人员（3 人）	6000
	货物验收人员（3 人）	6000
	单证处理人员（3 人）	7500
材料费	办公费	10000
一般经费	水电费	5000
合　计		124500

表 7-6　资源成本库

费　用	订单处理	货物验收	仓储管理	货物进出库	合　计
人工费	7500	6000	6000	10000	29500
折旧费	7000	7000	29000	37000	80000
办公费	3000	1000	3000	3000	10000
水电费	600	600	1200	2600	5000
合　计	18100	14600	39200	52600	124500

表 7-7　员工总工作时间表

员工类别	总工作时间（小时/月）
货物进出库作业人员（4 人）	800
仓储管理人员（3 人）	500
货物验收人员（3 人）	500
单证处理人员（3 人）	500

表 7-8　甲乙订单数及占用资源表

项目（单位）	甲客户	乙客户	合　计
租赁仓库面积（平方米）	10000	6000	16000
月订单总数（份）	200	120	320
占用托盘总数（个）	700	300	1000
货物进出库总工时	500	300	800

作业成本核算法计算步骤如下：

①确定作业内容，可以确定上述案例包括订单处理、货物验收、货物进出库和仓储管

理四个作业；

②确定资源成本库。本案例已知资源成本如表7－6所示。

③确定作业动因，这里注意作业动因必须是可量化的，如人工工时、距离、时间、次数等，此案例作业动因表如表7－9所示。

表7－9　作业动因表

作　业	成本动因
订单处理	订单数量
货物验收	托盘数量
货物进出库	人工工时
仓储管理	租赁仓库面积

④计算作业成本，计算作业成本首先计算作业分配系数：

$$作业分配系数 = 作业成本 \div 作业量$$

然后，再根据作业分配系数求出计算对象的某一项物流作业成本，然后求和即得计算对象的作业成本：

$$作业成本 = 作业分配系数 \times 作业动因数$$

根据案例数据，求出作业分配系数，如表7－10所示：

表7－10　作业分配系数表

作　业	订单处理	货物验收	货物进出库	仓储管理	合　计
作业成本（A）	18100	14600	52600	39200	124500
作业量（B）	320（订单数）	1000（托盘数）	800（人工时）	16000（面积）	—
作业分配系数（A/B）	56.5625	14.60	65.75	2.45	—

作业量的确定是根据表7－7员工总工作时间表，表7－8甲乙订单数及占用资源表和表7－9作业动因表共同确定的，如订单处理作业量为320。由表7－9可知，订单处理作业量的作业动因是订单数量，因此，只需计算甲乙客户的订单总数即可。

根据表7－10的作业分配系数，即可求得客户甲乙的实际服务成本，如表7－11所示。

表 7-11　　甲乙客户实际服务成本表

作　业	作业分配系数	实际耗用成本动因数		实际成本	
		甲	乙	甲	乙
订单处理（订单数）	56.5625	200	120	11312.5	6787.5
货物验收（托盘数）	14.6	700	300	10220	4380
货物进出库（人工时）	65.75	500	300	32875	19725
仓储管理（面积）	2.45	10000	6000	24500	14700
合　计				78907.5	45592.5
总　计				124500	

注：甲实际耗用货物入库成本动因数 156.25（=250×0.625）；乙实际耗用货物入库成本动因数 93.75（=250×0.325）。

甲实际耗用货物分类成本动因数 218.75（=350×0.625）；乙实际耗用货物出库成本动因数 131.25（=350×0.325）。

甲实际耗用货物出库成本动因数 156.25（=250×0.625）；乙实际耗用货物出库成本动因数 93.75（=250×0.325）。

7.2　物流企业收入核算

7.2.1　收入的概念

收入有广义和狭义之分，广义的收入既包括企业在生产经营过程中实现的营业收入，也包括对外投资取得的投资收益，还包括从固定资产清理中得到的营业外收入等；狭义的收入仅指企业在日常经营过程中实现的收入。

我国《企业会计制度》中对收入采用了狭义的定义："收入是企业在销售商品、提供劳务及让渡资产使用权等日常活动中形成的经济利益总流入，包括主营业务收入和其他业务收入。"主营业务收入是指在正常经营过程中企业从事主要业务所取得的收入；其他业务收入是指企业非主营业务所取得的收入。

7.2.2　收入的核算

（1）主营业务收入核算

主营业务收入是企业收入的主要构成部分，是形成利润的主要来源。主营业务收入的计算同样可以参考《企业物流成本构成与计算》中设置物流成本项目类别的方法来设置收入项目类别。主营业务收入主要包括运输收入、仓储收入、流通加工收入、其他增值物流收入。下面对这些收入作具体介绍。

①运输收入的核算

运输收入是指物流企业通过运输获得的收入。在物流企业中，运输在其经营业务中占有主导地位。

②仓储收入的核算

仓储收入是指物流企业通过为客户提供仓储服务获得的收入。这里仓储收入的计算包括货物在仓库内的保管、装卸搬运等基本仓储管理活动，流通加工活动单独计算。

③流通加工收入的核算

流通加工收入是指物流企业按照客户要求对货物进行基本的加工产生的收入。如，常见的出口商品贴英文商标、标签，礼品包装，分装小包装等。

④其他增值物流收入

物流企业获得的主营业务收入除了仓储收入、运输收入和流通加工收入之外，还应包括物流企业按照客户要求获得的其他增值业务收入。如，加急费、超远距离配送费等，这类收入可以计算在其他增值物流收入之内。

（2）其他业务收入

其他业务收入是指物流企业主营经营收入之外的收入，这里统一计算在其他业务收入范围内。

其他业务收入主要指让渡资产使用权取得收入。让渡资产使用权取得收入主要包括：因他人使用本企业资产而收取的使用费收入（不含债券利息收入），使用费收入在确认时，应按确定的收入金额借记“银行存款”、“应收账款”等账户，贷记“其他业务收入”账户。

以上是物流企业收入的核算方法，在进行计算时，可以通过表格的方式进行，如表7－12所示。

表 7－12　　物流企业收入核算

类　别	收入项目	金　额
主营业务收入	运输收入	
	仓储收入	
	流通加工收入	
	其他增值业务收入	
	小　计	
其他业务收入	让渡资产使用权取得收入	
	小　计	
合　计		

7.3　物流企业利润核算

7.3.1　所得税的计算

企业所得税的计算应分为两步进行，即首先计算纳税所得额，然后根据纳税所得额乘以规定的所得税率计算应纳所得税。纳税所得额的计算公式如下：

纳税所得额 = 利润总额 ± 应调整项目的金额

上式中，“应调整项目的金额”指公司的财务会计处理与税法规定有出入而应予以调整的金额，以及按税法规定准予扣除的相关金额。例如，企业因违法经营造成的罚款和被没收财物的损失，各项税收的滞纳金、罚金和罚款，超过国家规定允许扣除的公益、救济性捐赠。非公益、救济性的捐赠，各种广告性质的赞助支出以及企业超过规定限额支付的业务招待费和工资等，在发生时列入营业外支出，或列入有关费用账户，从而减少了当期利润，而根据税法规定不能列入费用或营业外支出扣减利润，所以利润总额应加上这些项目的金额，调整为应纳税所得额。又如，企业的利润总额中包含了国债的利息收入，按税法规定，国库券利息收入免征所得税，故应从利润总额中减去国库券利息收入。另外，根据税法规定，企业若发生年度亏损，可以用下一年度的经营所得弥补；下一年度的所得不足弥补的，可以逐年延续弥补，但是延续弥补期限最长不得超过 5 年。根据这一规定，企业在计算出本年利润总额后，可扣除符合上述规定的亏损额，然后再计征所得税。

在对利润总额进行调整得出纳税所得额后，就可计算应纳所得税。计算公式如下：

应纳所得税 = 纳税所得额 × 所得税率

7.3.2 利润的含义及构成

利润是企业在一定时期内实现的用货币表现的全部经营活动获得的最终成果，也称为财务成果，是企业一定时期实现的各项收入的总和与发生的各项费用及支出的总和之间的差额。

（1）利润总额

企业的利润，就其构成来看，既有通过经营活动而获得的，也有通过投资活动而获得的，也包括那些与经营活动无直接关系的事项所引起的盈亏。根据《企业会计准则》的有关规定，企业的利润一般包括营业利润、投资收益、营业外收支净额和补贴收入等部分。如果企业按规定能够获得补贴收入，则也应作为当期利润总额的组成部分，用公式表示为：

利润总额 = 营业利润 + 投资净收益 + 营业外收支净额 + 补贴收入

①营业利润是企业利润的主要来源，由主营业务利润、其他业务利润和期间费用构成。具体来讲，营业利润等于主营业务利润加上其他业务利润，再减去有关的期间费用后的余额，用公式表示为：

营业利润 = 主营业务收入 + 其他业务收入 - 营业费用 - 管理费用 - 财务费用

②主营业务利润又称为基本业务利润，是指企业的主营业务收入净额减去主营业务成本和主营业务应负担的流转税后的余额。用公式表示为：

主营业务 = 主营业务收入 - 主营业务成本 - 主营业务税金及附加

③其他业务利润是指企业主营业务以外的其他业务活动所产生的利润。它等于其他业务收入减去其他业务支出后的差额。

④投资收益是指企业在对外投资中所获收益扣除投资损失后的数额。

⑤营业外收支净额是指与企业经营活动没有直接关系的营业外收入减去营业外支出后的余额，它与正常经营活动无关，是偶发的、企业不可控制的，一般不会重复出现的事项。

⑥补贴收入是企业按规定实际收到的各种补贴收入（包括退还的增值税），或按销量或工作量等和国家规定的补助金额计算并按期给予的定额补贴，以及属于国家扶持领域而给予的其他形式的补贴。

（2）净利润

净利润是企业当期利润总额减去所得税以后的余额，即企业的税后利润。所得税是指企业应计入当期损益的所得税费用，用公式表示为：

$$净利润 = 利润总额 - 所得税$$

7.4 物流企业绩效指标

现代物流企业财务分析和评价的依据主要是企业的会计核算资料和财务报告，并以报告为主。财务报告是现代物流企业向政府部门、投资者、债权人等与本企业有利害关系的组织或个人提供的、反映本企业在一定时期内的财务状况、经营成果以及影响企业未来经营发展的经济事项的文件，主要包括资产负债表、利润表、现金流量表、其他附表以及财务状况说明书。其中，资产负债表、利润表、现金流量表应用比较广泛。

财务报表反映过去的经营成果和财务状况。财务报表的真正价值是通过财务报表的分析来预测未来的盈余、股利与现金流量的风险，以帮助公司管理当局规划未来，帮助投资者进行投资。不掌握财务报表分析，就不能把反映历史状况的数据转变为预计未来的有用信息。

7.4.1 资产负债表

资产负债表是以“资产 = 负债 + 所有者权益”为根据，按照一定的分类标准和次序反映现代物流企业在某一时间点上资产、负债及所有者权益的基本状况的会计报表。资产负债表可以提供企业的资产结构、资金流动性、资金来源状况、负债水平以及负债结构等信息，分析者可据此了解企业拥有的资产总额及其构成状况，考查企业资产结构的优劣和负债经营的合理程度，评估企业的清偿债务的能力和筹资能力，预测企业未来的财务状况和财务安全程度，从而为债权人、投资人及企业管理者提供决策依据。资产负债表项目的分类包括资产项目的分类、负债的分类和所有者权益项目的分类。

（1）资产的分类

①流动资产是指可以在一年内或者超过一年的一个营业周期内变现或运用的资产。包括货币投资、短期投资、应收票据、应收股利、应收账款、其他应收款、预付账款、存货和待摊费用等。

②长期投资是指不准备随时变现、持有时间在一年以上的有价证券，以及超过一年的长期投资。包括长期股权投资、长期债权投资等。

③固定资产包括固定资产原价、累计折旧、固定资产净值、固定资产减值准备、工程物资、在建工程、固定资产清理等。

④无形资产及其他资产包括无形资产、长期待摊费用等。

（2）负债的分类

①流动负债是指在一年内或者超过一年的一个营业周期内偿还的债务。包括短期借款、应付票据、应付账款、预收账款、应付职工薪酬、应付利息、应付股利、应交税费、其他应付款、一年内到期的长期负债等。

②长期负债是指偿还期在一年以上或者超过一年的一个营业周期以上的债务。包括长期借款、应付债券、长期应付款等。

③递延税款指递延税款贷项。

（3）所有者权益项目分类

①实收资本是指企业所有者以各种形式投入企业的资本。

②资本公积是指企业的资本溢价，以及由于接受捐赠、法定财产重估增值等原因而增加的所有者权益。资本公积与实收资本一样不能用于盈余分配，但可按规定转增实收资本。

③盈余公积是指企业自创立以来各期的税后利润中，按规定提留给企业的累积余额。

资产负债表是由表头、表体和表尾组成。表头是报表的必要标志，包括报表名称、编制单位、报表日期和金额单位。表体是报表的主体，是主要构成内容。资产负债表的项目按照资产、负债和所有者权益的类别分别列示。资产列示在报表的左方；负债和所有者权益列示在资产负债表的右方。资产负债表有账户式和垂直式两种，我国目前采用的是账户式资产负债表，依据等式“资产＝负债＋所有者权益”设计的。基本格式如表7－13所示：

表7－13　　资产负债表

编表单位：　　　　年　月　日　　　　单位：元

资　产	行　次	年初数	期末数	负债和所有者权益	行　次	年初数	期末数
流动资产：				流动负债：			
货币资金				短期借款			
短期投资				应付票据			
应收票据				应付账款			
应收股利				预收账款			

续 表

资　产	行　次	年初数	期末数	负债和所有者权益	行　次	年初数	期末数
应收利息				应付职工薪酬			
应收账款				应付利息			
其他应收款				应付股利			
预付账款				应交税费			
应收补贴款				预提费用			
存货				其他应付款			
待摊费用				预计负债			
一年内到期的长期债权投资				一年内到期的长期负债			
其他流动资产				其他流动负债			
流动资产合计				流动负债合计			
长期投资：				长期负债：			
长期股权投资				长期借款			
长期债权投资				应付债券			
长期投资合计				长期应付款			
固定资产：				专项应付款			
固定资产原价				其他长期负债			
减：累计折旧				长期负债合计			
固定资产净值				递延税项：			
减：固定资产减值准备				递延税款贷项			
固定资产净额				负债合计			
工程物资				所有者权益：			
在建工程				实收资本			
固定资产清理				减：已归还投资			
固定资产合计				实收资本净额			
无形资产及其他资产：				资本公积			
无形资产				盈余公积			
长期待摊费用				其中：法定公益金			
其他长期资产				未分配利润			
无形资产及其他资产合计				所有者权益合计			

续　表

资　产	行　次	年初数	期末数	负债和所有者权益	行　次	年初数	期末数
递延税项：							
递延税款借项							
资产总计				负债和所有者权益总计			

7.4.2　利润表

利润表是计算投资利润率和投资利税率的基础和依据。利润表是以“利润 = 收入 − 费用”为根据编制，反映物流企业在一定经营期间内物流活动经营成果的财务报表。通过利润表可以考核现代物流企业利润计划的完成情况，分析企业实际的盈利水平及利润增减变化原因，预测利润的发展趋势，为投资者及企业管理者等提供决策依据。

利润表根据收入和费用在表中不同的列示方法，分为多步式和单步式两种格式，分别如表 7 – 14 和表 7 – 15 所示。多步式利润表便于同类型企业之间、前后各期利润表上相应项目之间的比较，也有利于预测企业今后的赢利能力。单步式利润表则表示简单、易于理解，避免项目分类上的困难。

表 7 – 14　　**多步式利润表**

编制单位：　　× × 年度　　单位：元

项　目	本年实际	上年实际
一、主营业务收入		
减：主营业务成本		
主营业务税金及附加		
二、主营业务利润		
加：其他业务利润		
减：营业费用		
管理费用		
财务费用		
三、营业利润		
加：投资收益		
营业外收入		
减：营业外支出		
四、利润总额		
减：所得税		
五、净利润		

表 7－15　　单步式利润表

编制单位：　　××年度　　单位：元

项　目	本年实际	上年实际
一、收入		
主营业务收入		
其他业务收入		
投资收益		
营业外收入		
收入合计		
二、费用		
主营业务成本		
主营业务税金及附加		
其他业务支出		
营业费用		
管理费用		
财务费用		
营业外支出		
所得税		
费用合计		
三、净利润		

7.4.3　现金流量表

物流企业的现金流量表是以“净现金流量＝现金流入－现金流出”为根据编制的，通过现金和现金等价物的流入、流出情况，反映企业在一定期间内的经营活动、投资活动和筹资活动的动态情况的财务报表。它是计算现代物流企业内含报酬率、财务净现值和投资回收期等反映投资项目赢利能力指标的基础。根据计算的基础不同，现金流量表可分为全部投资财务现金流量表和自有资金财务现金流量表。

按照现金流量发生的原因，可以分为以下几个方面：

（1）经营活动产生的现金流量

经营活动是指企业投资活动和筹资活动以外的所有交易和事项。包括商品销售、提供劳务、经营性租赁、购买货物、接受劳务、制造商品、广告宣传、推销商品、缴纳税款等。

在编制经营活动现金流量表中，又分为直接法和间接法两种编制方法。其中，直接法是通过现金流入和现金流出的主要类别来反映企业经营活动产生的现金流量。在我国，直接法下的现金流入可以分为销售商品、提供劳务收到的现金、收到的税费返还、收到的其他与经营活动有关的现金等类别；现金流出可分为购买商品、接受劳务支付的现金、支付给职工以及为职工支付的现金、支付的各种税费、支付的其他与经营活动有关的现金等类别。间接法是以本期净利润为起算点，调整不涉及现金的收入、费用、营业外收支等有关项目的增减变动，据此计算出经营活动产生的现金流量。采用直接法提供的信息有助于评价企业未来现金流量。在我国，现金流量表用直接法编制，但在现金流量表的补充资料中还应按照间接法反映企业经营活动现金流量的情况。

（2）投资活动产生的现金流量

投资活动是指企业长期资产的购建和不包括在现金等价物范围内的投资及其处置活动。这里所指的长期资产是指固定资产、在建工程、无形资产、其他资产等持有期限超过一年或者一个营业周期以内的资产，而属于现金等价物范围的投资则不包括在内。

（3）筹资活动产生的现金流量

筹资活动是指导致企业资本及债务规模和构成发生变化的活动，这里所说的资本包括实收资本、资本溢价。债务是指对外举债，包括向银行借款、发行债券。而应付账款、应付票据等商业应付款属于经营活动，不属于筹资活动。

对于日常活动之外的、不经常发生的特殊项目，如灾害损失、保险赔款、捐赠等，针对这些特殊项目，应当归并到相关类别中单设一项反映。如对于灾害损失和保险赔款，如果能够确定属于流动资产的损失，则应当列于经营活动现金流量；如果属于固定资产损失，则应当列入投资活动现金流量；如果不能确定，则可以列入经营活动现金流量，如表7－16所示。

表 7－16　现金流量表

编制单位：　××年度　单位：元

项　目	行　次	金　额
一、经营活动产生的现金流量		
…		
现金流入小计		
…		
现金流出小计		
经营活动产生的现金流量净额		
二、投资活动产生的现金流量		
…		
现金流入小计		
…		
现金流出小计		
投资活动产生的现金流量净额		
三、筹资活动产生的现金流量		
…		
现金流入小计		
…		
现金流出小计		
筹资活动产生的现金流量净额		
四、汇率变动对现金的影响		
五、现金及现金等价物净增加额		
补充资料	**行　次**	**金　额**
一、将净利润调节为经营活动现金流量		
…		
经营活动产生的现金流量净额		
二、不涉及现金收支的投资和筹资活动		
…		
三、现金及现金等价物净增加情况		
…		

7.5　小结

本单元首先介绍了衡量物流企业传统的成本核算方法；然后着重介绍作业成本核算法，并通过案例方式介绍该方法的操作流程，之后介绍了物流企业收入核算的方法、利润的核算以及绩效的评定。本单元重点需要掌握的是作业成本核算法的使用。

7.6 思考题

1. 物流企业财务传统成本核算法有几种类型，每个类型如何操作？

2. 作业成本核算法的原理是什么？

3. 物流企业如何计算收入？

4. 物流企业如何计算利润？

5. 物流企业如何进行绩效评定？

单元1 物流企业管理概述 | 单元2 物流服务类型 | 单元3 物流项目开发 | 单元4 物流网络选址 | 单元5 车辆管理

单元6 物流服务管理 | 单元7 物流企业财务管理 | **单元8 物流信息化** | 单元9 物流标准与法律法规

单元8　物流信息化

学习目标

1. 了解物流信息系统的定义和作用；
2. 了解物流信息系统的常见分类；
3. 掌握 WMS 和 TMS 的常见模块；
4. 掌握物流信息系统开发的主要步骤；
5. 了解物流信息系统实施成功的一些关键因素；
6. 了解不同类型物流系统供应商的产品特点；
7. 了解物流信息系统采购的方法、注意事项；
8. 理解系统采购合同注意的事项。

8.1 物流信息系统简介

所谓物流信息系统（Logistics Information System），是指由人员、设备和程序组成的，为物流管理者执行计划、实施、控制等职能提供信息的交互系统，它与物流作业系统一样都是物流系统的子系统。

物流信息系统是计算机技术、网络技术及相关的关系型数据库、条码技术、EDI 等各种技术工具综合应用的产物，它的应用可以使得物流活动中作业员的劳动强度大幅降低、作业错误发生率减少，效率增加，信息流转加速，使物流管理发生了革命性的变化。例如，某医药流通企业的物流中心，在未信息化前采取人工表单作业，拣货的出错率在1% ~2%（按客户单），而使用信息化设备后，出错率降低到0.1%以下，效果非常显著。

物流信息系统可以根据不同的标准进行分类，具体如表 8 -1 所示。其中，比较实用的分类方法则是按照系统所服务的物流范围进行分类，例如，WMS、TMS、CAPS、EOS、POS 等，而其中又以 WMS 和 TMS 最为常用。

表 8 -1　　物流信息系统分类

分类标准	常见系统
管理决策层次	• 物流作业管理系统 • 物流协调控制系统 • 物流决策支持系统
应用对象分类	• 制造企业的物流管理信息系统 • 面向分销商的物流管理信息系统 • 面向专业物流企业的物流管理信息系统
系统采用技术	• 单机系统 • 内部网络系统 • 外部互联系统
系统架构	• 集中型信息系统 • 分散型信息系统

续 表

分类标准	常见系统
服务物流范围	• 仓储管理系统（WMS） • 运输管理系统（TMS） • 电子拣货系统（CAPS） • 电子自动订货系统（EOS） • 销售时点信息系统（POS） ……

8.1.1 仓库管理系统（WMS）

（1）WMS 的含义及用途

WMS 即仓库管理系统（Warehouse Management System，WMS）。WMS 是伴随着企业的物流管理从粗放型管理走向集约化、精细化管理的趋势而产生并兴起的。WMS 的合理应用不仅可以提升仓储现场作业的准确性和效率，也能够有效地解决困扰企业的库存管理和供应链上下游不确定性的问题。

WMS 系统和大多数 ERP 的进销存模块不同，后者常用于记录特定对象（如仓库）的商品、单据流动的结果，而 WMS 系统则不仅能够记录流动的结果，还能够并且侧重于记录流通的过程，从而更细致准确的反映物流运作的真实状态，并且可对物流的作业下达指令。因此，管理人员可以利用 WMS 系统对物流过程进行分析，有效地改善和提升运作水平。很多企业在已配备 ERP 的前提下，进行 WMS 的上线，或者在 ERP 中开发具有 WMS 部分功能的模块，原因也就在于此。

（2）WMS 功能模块

一个典型的 WMS 架构和功能模块如图 8－1 所示。其模块可以分为 3 大类，第一类为业务流程模块，包括入库管理、储位管理、存货管理、出库管理、返品管理等；第二类为资料模块，主要是对一些基础资料进行定义和修改；第三类为系统服务模块和数据通信模块，负责对系统操作权限的设定、数据备份、资料传输等功能。在这 3 类模块中，业务流程模块是整个 WMS 的核心，这个模块管理着从入库、存储到出货直至最终返品回库的整个货品的流动。

在实际应用中，根据各行业各企业物流的特性，可以对一些模块进行调整。例如，某些企业不存在返品的作业需求，则返品的模块可取消。企业还可以根据自身需要，增加诸

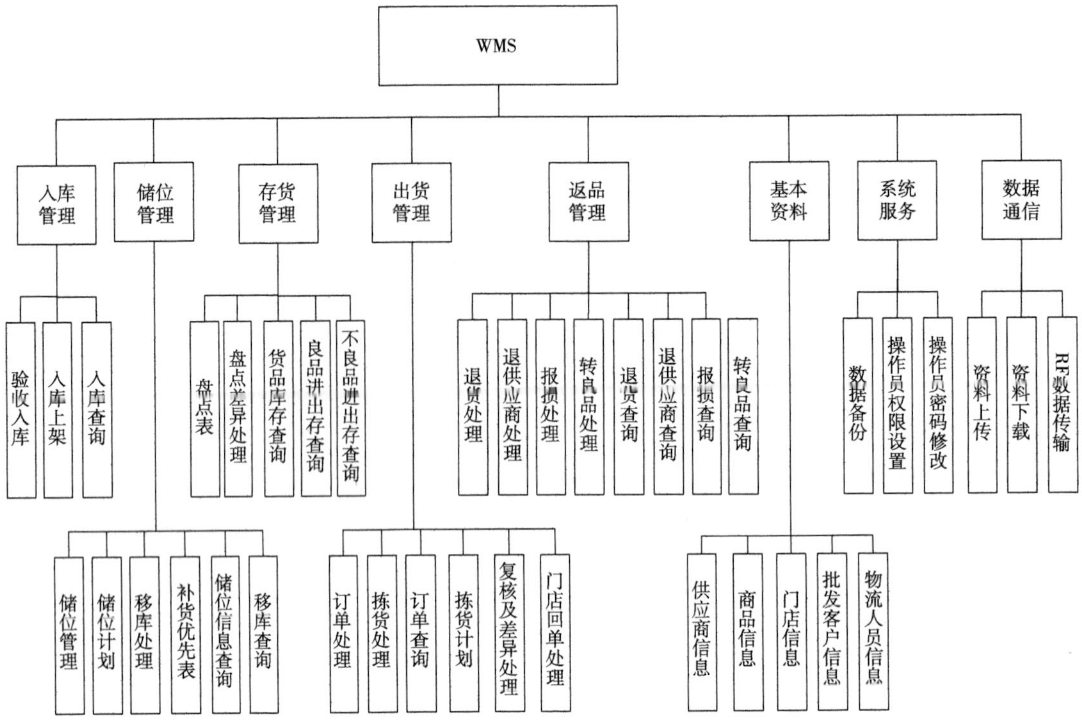

图 8－1　WMS 架构和功能模块

如打印模块和报表模块，具体的要求可以与系统开发商进行协商。

8.1.2　运输管理系统（TMS）

TMS 即运输管理系统（Transport Manage System，TMS）。相对于 WMS 而言，因为运输的业务流程相对简单，故 TMS 的系统模块也较为简单，其常见的模块如图 8－2 所示。TMS 的模块也可分为 3 类，第一类为业务作业及管理模块，包括运输作业模块和财务管理模块，用于对运输作业的流程进行管控并具备相关的统计报表功能和财务功能；第二类为基本信息模块，包括对客户、车辆、人员等信息的建立和维护；第三类为系统管理模块，包括对操作权限的设置和数据的备份等。

与 WMS 类似，在企业实际开发选购 TMS 时，也可根据自身需求对这些模块进行调整。例如，某些企业需加强对车辆的管控，则可将车辆管理单列出一个模块，对车辆的回车登记、油耗、维修、保险费用等进行细部管理。而某些具备比较强大的 WMS 的物流中心，甚至可以直接在 WMS 上增加一个 TMS 管理模块，而不需要单独开发独立的 TMS 系统，也可以实现对运输的有效信息化管理。

除了 WMS 和 TMS 外，其他常见的物流信息系统还有：电子拣货系统（CAPS）、电子

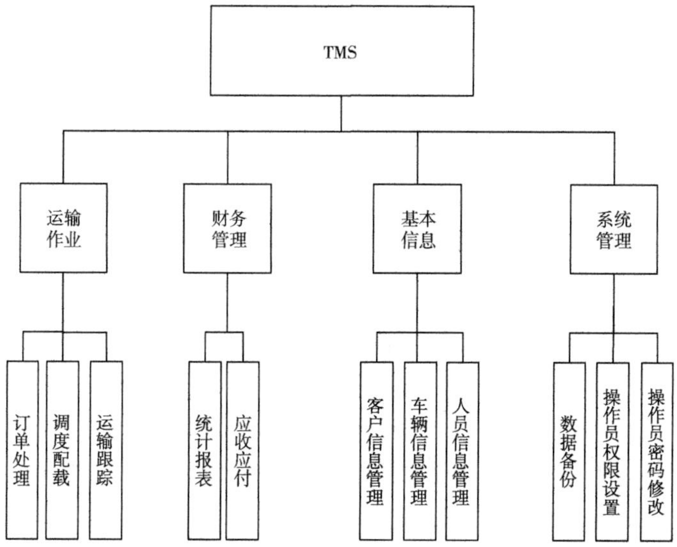

图 8－2　TMS 模块

自动订货系统（EOS）、销售时点信息系统（POS）等。这些系统常常不独立使用，而是结合 WMS 或者 ERP 进行操作。这些信息系统配置与否，取决于企业物流的特性和实际的需求。

电子拣货系统（CAPS）：一般使用在出货作业比较复杂的物流中心，是一组安装在货架储位上的电子设备，透过计算机与系统的控制，借由灯号与数字显示作为辅助工具，引导拣货工人正确、快速、轻松的完成拣货工作。利用 CAPS，可大幅提升拣货的效率和准确性。根据出货特性的不同，CAPS 可主要分为 DPS（摘取式，Digital Picking System）和 DAS（播种式，Digital Assorting System）两种，具体采用哪种合适常可根据 EIQ 分析的结果来确定。

电子自动订货系统（EOS）：是指企业间利用通信网络（VAN 或互联网）和终端设备，以在线连接（Online）的方式进行订货作业和订货信息交换的系统。EOS 的使用，可以在供应链上下游间实现快速订货操作，缩短从接到订单到发出订货的时间，降低订货出错率、节省人工费，最终有利于减少企业库存水平。

销售时点信息系统（POS）：是指通过自动读取设备（如收银机）在销售商品时直接读取商品销售信息（如商品名、单价等），并通过通信网络和计算机系统传送至有关部门进行分析加工以提高经营效率的系统。POS 系统的采用可以节约人工成本和时间成本，降低出错率，能有效掌控销售状况，进而提升物流运作的品质。

8.2 物流信息系统开发

8.2.1 信息系统开发流程

物流信息系统的开发实施分以下5个阶段，各阶段的工作重点和主要成果如表8-2所示。第1期的需求分析及设计阶段是系统开发的基础，决定了开发的方向和目标，需要项目各方成员的参与；第2~3期是程序的开发和测试阶段，主要由系统供应商进行，其他各方辅助；第4期系统的上线是整个开发实施的关键，需要各方通力配合，尤其是客户方现场的支持；第5期相关技术的转化，主要取决于系统开发商和客户间的协同。

（1）需求分析及设计

在进行信息化开发前，客户首先需要明白信息化的目的，也就是所谓的功能需求分析，主要借此确定信息系统需要实现的功能。

在这个阶段，首先需明确客户当前的物流运作模式，这个是需求分析的前提，据此形成客户现状分析（Customer Profile Analysis，CPA）文档。CPA文档一般由系统开发商提供样板，客户进行填写。客户除了对流程的描述外，还需对当前物流人力、使用设备、作业特性等进行介绍。

此外，客户需要和咨询公司紧密合作、充分讨论，确定在信息化条件下客户企业最佳物流运作模式。咨询公司需根据行业经验，结合客户作业特性，提出作业策略建议。在这个过程中，因为会对当前的作业模式进行调整，需要征询现场作业人员的意见和建议，尽量避免不可见的运作风险。功能需求的确定，也需要系统供应商的参与，确保这些需求可以开发出来。最终，在各方取得一致建议后形成文档《功能流程确认书》（也有称Business Narrative，企业运作逻辑作业书）。《功能流程确认书》文档内容需包括：信息化条件下的组织架构、流程说明、相关报表、接口说明等。《功能流程确认书》文档需各方签字，作为后续开发的依据。

表 8-2　　信息系统开发各阶段的工作重点和主要成果

开发阶段	工作名称	主要成果
第 1 期 需求分析及设计	项目启动会议 功能流程设计 系统接口设计 细部流程设计	项目合同 客户现状分析 工程说明书 时程计划 功能流程确认书
第 2 期 系统配置开发	程序开发 软硬件环境准备 系统配置 主要用户培训 用户测试系统	软件产品 硬件配置说明 软件配置说明 操作手册 用户反馈意见表
第 3 期 系统测试	模块测试 集成测试 压力测试 最终用户培训	测试文档 培训文档
第 4 期 上线实施	基础资料准备 系统初始化 系统上线 现场协助 客户验收	客户验收报告
第 5 期 转至客户支持	系统交接 技术支援	

应当注意的是，物流信息系统的功能模块并非越多越好，模块越多系统越复杂就越容易出错。好的系统应当可以支持企业多种物流业务模式，例如，在物流中心的出货模块，既可以支持先进先出，也可以支持先进后出，也可支持人工指派储位出货。又如系统可支持先入库再出库，也可支持不入库直接出库的作业（Cross Docking）。

（2）系统配置开发

系统的开发环节，基本上由系统供应商负责开发。一般上规模的系统供应商，其业务团队和开发团队是分开的，前者负责与客户的沟通确定需求，并将需求转化成开发团队可以理解的“语言”，开发团队根据业务团队提供的需求进行代码的编写和程序的开发。甚至于，某些大型的跨国软件企业，其开发团队可能安排在其他国家（例如印度等开发成本更低的国家）。专业的分工有利于责任的切割和专业能力的提升，但是也带来沟通的复杂性。而对于国内中小型系统供应商，其业务团队和开发团队往往由同一批人组成，供应商服务团队可以直接根据客户的需求进行程序编写。在开发工作结束后，程序开发员需编写相关文档，这些文档最终都将提交给客户。

（3）系统测试

系统的测试环节，主要由系统供应商负责，但是客户也需要参与其中。客户的角色主要是提供模拟数据，并一同检验系统运行的过程和运行结果是否满足预期。在系统测试中，一般先对每一个模块进行测试，检验数据的输入输出；然后是进行集成测试，即对系统进行整体的测试；最后是压力测试，即模拟实际运作中最复杂最困难的极端情况下系统能否正常运作，这些极端情况包括诸如：所有的用户同时使用系统、同时有大量的订单数据进入系统、订单数据包括所有货品/客户类型、各种作业策略同时使用等。在测试环节中，一般会发现或多或少或大或小的问题，这些问题需在测试文档中详细记录，其后续的解决方案也需记录。

（4）上线实施

上线实施是物流信息系统实施的关键环节，上线的顺利与否决定了整个项目的成败。上线实施一般遵循以下流程：第一步，需要检查各项准备工作是否到位，这包括硬件软件是否可正常使用，现场培训工作是否完成等；第二步，进行静态库存的盘点，并将库存的数据导入到信息系统；第三步，系统上线开始，各部门根据新的作业模式开始作业。

因为系统的上线需现场作业停止作业一段时间进行静态盘点，所以影响很大，应尽量将负面的影响降低到最低限度，选择合适的上线时机尤为重要。例如，对于 WMS 的上线，一般选择在出库销售的淡季，同时上下游要提前做好准备，上游压货不发，下游提前囤货，为上线的切换准备充足的时间。

（5）转至客户支持

在上线成功后，系统开发商需将系统移转给客户，包括系统的操作手册、各种权限等。系统开发商需保证客户在正常情况下，能够顺利使用系统，在常见的异常状态下客户可自行解决。在系统遇到大的问题时，如发生系统崩溃等严重错误，系统开发商需在规定的时间内（例如 24 ~ 48 小时）予以回应或到达现场予以解决，当然这些都需要在合同中注明。因为客户的状态在不断变化，因此需调整系统的一些模块功能，系统开发商一般需要配合客户的要求进行修改程序，但可适当收取费用。

8.2.2 信息化的预算问题

信息化的预算是客户需要考虑的另一个方面，信息化预算估计了客户为信息化所需要付出的资金成本。客户需要权衡信息化带给物流作业的效益与投入成本的关系，如果评估的结果是值得操作，则进行系统的上线。

信息化的预算一般包括以下几部分：软件许可费用、项目实施费用、硬件配置费用等。

对于软件许可费用，一般在采用国外软件时采用，它是指利用成熟物流软件的核心模块的版权使用费用，如果信息系统是完全从零开始量身定做的，则这个费用不存在。也有软件开发商，将这笔费用包含在其他费用中而不将其单列。

对于项目实施费用，有的软件开发商是按照功能模块进行收费，然后将所开发的模块所需费用进行加总得出总值；也有的是将按照开发、测试、上线实施等分成时间阶段，按阶段进行收费。项目实施费有时候也包括上线后的维护费用。无论哪种方式，比较常见的是按工时进行计算，其公式为：

实施费用 = 投入的人力时间（天）×单价（元/人·天）

硬件配置费用是指采购信息化相关设备所需的费用，包括服务器及存储设备、网络设备、现场物流作业设备（RF 等）。硬件配置费用常需要包括硬件附带软件的费用和一定阶段（一般是 1 ~2 年）的维护费用。这个费用和软件许可费用、项目实施费用最大的区别在于，客户可以不必支付给系统开发商，可以让后者提供设备选择的标准自行采购，当然也可以将这些工作全部委托后者进行。

需要注意的是，以上信息化的预算并不是企业需要投入资源的全部。除此以外，企业还需要配合信息化的上线进行现场必要的改造，配合进行作业培训，库存盘点可能需要停止作业，这些都会带来成本或者风险。

8.2.3 系统实施成功的关键

系统的实施是否成功，主要标志是系统能否按预期导入上线，并且在上线后能够在新的信息化作业模式下支持业务流程，并使流程的整体运作效率效益得以提升。上线能够成功主要取决于以下因素：

（1）企业需要上物流信息系统的阶段

并非所有的企业，或者一个企业发展的任何阶段都需要物流信息系统。从发展阶段上看，刚起步的企业不建议上物流信息系统，因为各种物流作业模式尚未定型，草率上线可能把错误的流程固化，导致错上加错；企业在高速发展过程中，是最需要物流信息系统的阶段，可以借此提升效率；企业在稳定发展过程中，需要持续的优化物流信息系统。另外，从管理的层面看，如果在当前及可预见未来，现有的作业模式的效率和成本都是令人满意的，则也无须信息系统。只有在企业真正需要信息系统解决作业和管理中存在的问题时，它才可能发挥应有的价值。

（2）配置合理的实施团队

物流系统的成功开发和实施上线，需要一个项目团队的通力合作，这个团队一般由客户团队、系统开发商、第三方咨询公司组成。其中，客户团队需要物流管理层、企业高层的加入，物流管理层能够明确地传达现场需求并做好相关支持工作，企业高层的作用是在上线对企业其他部门产生影响，或者需要资源支持时起到决策作用；系统开发商的作用显而易见，主要负责系统开发、测试、实施，是系统上线的最主要责任方；第三方咨询公司作为客户和系统开发商沟通的桥梁，将客户的需求明确地分析和表达出来，并对两者产生的一些分歧进行仲裁，从而保证项目顺利推进。

（3）物流系统的合理规划设计

物流流程的顺畅运转必须以物流体系的整体科学规划为前提，例如，仓库内部的库区和储位设置是否合理，是否按照 ABC 原则对货品的摆放进行设置。如果规划的工作不到位，则物流系统本身已经限制了运作的效率，有没有信息系统并不会根本性的改变运作水平。

（4）严格做好需求分析

需求分析至关重要，这不是完全按照现有流程提出信息化的需求，很多企业会借助信息系统上线的机会对流程进行优化，进而通过系统上线将优化后的流程进行固化。流程的优化重点又在于一些运作的策略，例如，入库策略、补货策略等，这些策略对运作效率举足轻重。如果需求分析不到位，则信息系统支持的是一个有问题的作业流程，即便可以运行，也无法提升效率，甚至有可能因为效率的因素导致系统被迫下线，造成上线失败。

（5）充分考虑信息化作业对人力的影响

信息化的目的在于提升效率和效益，所以省力化和简便化也是考虑的重点，物流信息化要能够降低劳动强度，减少现场作业人员的数量。减少作业人员的强度是比较容易做到的，这主要因为表单作业模式向 RF 等信息设备操作的转变。但由于信息化可能需要设置新增岗位，带来人力的增加，客户一般很难接受这样的事实，所以需要通过其他岗位人力的精减来对冲。或者，在上线的初期适当增加人力，待系统运作顺畅后、人员操作熟练后逐步减少人力。

（6）对企业管理制度的调整

信息系统的上线会带来岗位的调整，如需最大限度的调动物流员工的积极性，则需要调整相应的管理制度，对新岗位的工作职责作明确划定。各项制度中，关键是绩效考核制度。例如，某企业在上系统前拣货作业是每人一个客户订单，按拣货单数进行工资计算，而上系统后进行 CAPS 拣货，每个作业员只负责所有订单的某一些品种的拣货，这时就要调整计费规则，制定合理的参数，稳定作业员收入。

（7）完备的人员培训

优秀的系统也需要人工进行操作，人员对系统能够理解并熟练操作是系统上线成功的重要保证，这需要培训作为支持。软件的培训一般由程序开发人员负责，培训对象包括所有操作软件的作业人员、管理人员，以及工作性质和软件相关的其他人员。由于很多物流中心作业繁忙，合理安排培训时间显得尤为重要。培训也可采取种子教官的模式，即由系统开发人员对物流管理人员先行进行培训，然后由后者作为种子教官负责对作业层的培训。在上线前，作业人员不仅需要掌握操作的方法，还要尽可能地熟练使用。对于一些作业繁忙的物流中心，新的系统模式需要在很短的时间内（一般最多 1 ~ 2 天）达到甚至超过原先作业模式的效率，否则就会因为发货太慢而上线失败。

（8）客户对系统开发的支持

在系统开发过程中，系统供应商和咨询公司一般会驻点在客户进行阶段性工作，客户需提供完备的后勤保障，包括：第一，足够的办公空间、电脑硬件和软件、网络接入、必要的办公设备（包括电话、复印机、传真机等）；第二，客户需提供可靠协助，使系统开发员不受任何限制地进入客户指定的测试环境，以确保项目成功；第三，客户也需要委派合适的技术人员和用户参与，系统供应商会请这些人员进行工作协助；第四，客户需负责为系统的开发实施准备文档/设备，系统供应商将提供足够的信息，并给予客户合理的前置时间。

8.3 物流信息系统选购

8.3.1 供应商的选择

（1）供应商的分类

从前面章节的介绍，我们可以看出，物流信息系统的选购不是简单地挑选某个产品来用的问题，而是各方合作共同开发的产物。但是，无论如何，首要的问题还是要挑选合适的物流系统供应商作为客户的合作伙伴。

一般地，可将供应商分为国内物流软件和国际物流软件，客户可以根据自身需求的特点、经济承受能力等选择合适的系统供应商。总的来说，国内物流软件适合预算较少、单仓的客户；而国外物流软件适合预算较高、多仓的客户。

当然，市场上也有一些 WMS 产品（例如 INFOR 等），本身已经有成熟的 WMS 模块，其在国内的销售委托其他软件公司进行代销，这些软件公司在销售的同时也负责二次开发，按照客户的需求进行模块的调整。这样的物流软件本身就结合了国内外软件的优点，也是可考虑的选择。

市场上的物流系统供应商，有的擅长物流系统开发，有的在医药行业有很多成功案例，有的具备成熟的第三方物流信息系统模块，有的产品适合企业物流的特性。所以，在选择物流系统供应商时，要考虑其优势和劣势，如表 8－3 所示。

（2）供应商的评选标准

信息系统的选型主要需考虑以下几个方面，其一为系统供应商的实力；其二为信息系统的能力；其三为价格的高低。其具体评价内容如表 8－4 所示。在表 8－4 中，对于供应商评估部分，应重点考量案例的效果和人员的素质部分；对于信息系统评估部分，应重点考量物流管理模式支持和系统操作的便利性；对于价格评估部分，要注意不同档次的信息系统简单靠价格比较没有意义。

表 8－3　　国内外物流软件比较

供应商类型	优　势	弱　势
国内物流软件	• 价位低 • 较易接受客制化 • 单仓合用 • 沟通容易	• 文件化能力弱 • 系统升级不易 • 上线后维护能力弱
国际物流软件	• 实施力强 • 重视文件化 • 智能化高 • 可扩展性 • 培训能力强 • 测试能力强 • 集中化管理	• 软件费较高 • 不易接受客制化

表 8－4　　信息系统评估表

项　目	子项目	
供应商评估	1. 供应商企业规模 • 营业额 • 人数	2. 供应商经营年限 • 经营年限 • 软件年限
	3. 相关系统案例 • 案例数量 • 案例效果	4. 人员素质 • 售前顾问的素质 • 项目经理的素质
信息系统评估	1. 功能 • 物流作业模式支持 • 物流管理模式支持	2. 技术 • 技术的成熟度 • 系统操作的便利性
价格评估	1. 产品价格	2. 实施价格
	3. 售后服务价格	

8.3.2　系统供应商的招标

物流软件的采购常见的有两种模式，其一为议标模式，特点为企业直接找合适的供应商进行议价；其二为招标模式，特点为企业以公开招标的方式决定信息系统供应商。两者的优劣比较如表 8－5 所示。

表 8－5　物流软件两种采购模式的优劣比较

模　式	优　点	缺　点
议　标	• 操作简便、节省时间 • 操作成本低	• 容易被供应商的广告词蒙蔽 • 难以实现价格最优化
招　标	• 公开公平公正 • 能够找到性价比更优的供应商	• 时间周期长 • 选型成本高

企业在实际应用中，对于小型的物流系统以走议标模式为多；而对于大型的物流系统一般走招标流程。具体流程（从客户的角度）如图 8－3 所示。

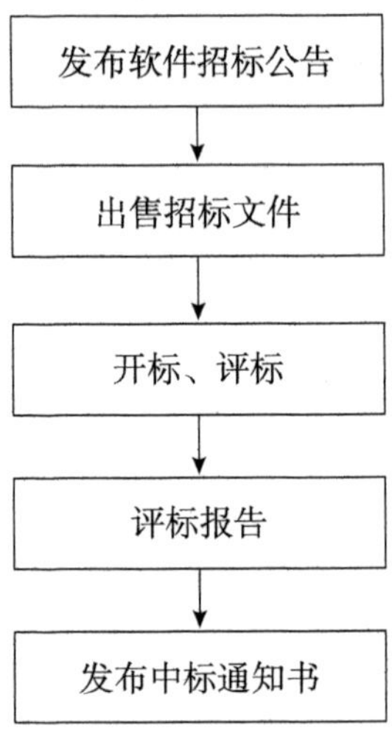

图 8－3　招标流程

客户需要确定大体的项目需求，并发布招标公告。客户可选择委托招标代理机构负责招标工作，并由其出售招标文件，如果客户对物流软件供应市场较为熟悉，客户自己也可负责招标的操作。有意向的系统供应商会向客户提供系统开发应标书。通常，客户会召开招标会议，由系统供应商进行现场讲标、答疑解惑。然后，客户根据自身制定的评标标准进行评标，确定中标的供应商后编写评标报告，并且向中标企业和未中标企业分别发送中标通知书和未中标通知书。

在此过程中，关键是开标和评标的环节。由于软件开发的特性，一次招标会议常不能解决所有问题。客户和应标供应商需进行多次沟通，在加强供应商对客户需求了解的同时，也增加客户对供应商软件能力的了解。如有需要，客户可制定“点对点应答书”，对客户关心的事项设立问题，由系统供应商逐一进行解答。这些工作都需在开标评标之前完成，以提升评标的效果。

8.3.3 软件项目合同的签订

由于软件项目提供的产品属于服务产品，其本身的内涵不确定性较大，所以合同的签订需格外小心。国内常常因为合同条款设置的不合理，或者客户与供应商理解的不一致，给双方后续的合作带来困扰。

合同的签订，尤其需要注意以下这些方面：

（1）系统的需求

物流信息系统的好坏，关键在于能否满足客户的需求，而系统开发商的成本也主要取决于系统开发的模块数量和开发的难易程度。所以，系统开发商为了减少工作量，规避可能的风险（系统越复杂风险越大），常常会为系统配置尽可能简单的作业流程和业务策略，由此可能导致简单的系统无法有效支持客户复杂的作业。所以，系统的需求需要在合同上清晰的表达，不可轻信系统供应商业务员口头承诺。

（2）项目实施的范围

实施的范围主要是指，这个系统覆盖的物流系统边界和操作的人数等问题。例如，为一个仓库实施 WMS 上线和为全国多个物流中心实施 WMS 上线所开展的工作量和收费是完全不一样的。再如，某些系统供应商，尤其强调系统使用的人数，其收费是与系统使用人数成比例的。这些在合同中，都要明确标准以免后续纠纷。

（3）系统供应商收费范围

物流软件开发的模块数量和收费紧密管理，在项目合同金额中，软件开发商只需要负责合同中涉及的作业模块和功能（例如报表的数量），而如果超出合同的要求则需要另外进行收费。时有发生这样的现象，在系统开发过程中，客户突然最初设置的模块或者功能有所欠缺，需要调整模块或者增加功能，而此时系统供应商可能已经开发完毕，系统供应商认为再进行修改需收费而客户难以接受。为避免这些状况，在最初确定合同需求时需慎之又慎，如果聘请第三方咨询公司参与前期需求确定，则这些情况可大大减少。

（4）项目进度与双方责任

客户和系统供应商都希望在预期的项目阶段内完成系统的开发和实施，而由于种种的原因，例如，初次上线的不顺利等，进度可以推迟。在此情况下，对于系统供应商会带来人力投入的增加和成本的上升，对于客户也会带来管理上的问题，因此需要明确进度推迟的责任。如果责任在于客户方（例如不能提供足够的资源，提供错误的资料等），则客户应对于系统供应商给予一定的经济补偿；而如果责任在于系统供应商（例如未在规定的时间内完成程序的开发和测试等），则应向客户进行一定的经济补偿或者合同扣款。这些内容应当在合同中有所注明，尽管双方应本着合作的态度开展项目。

8.4 小结

本单元首先介绍了物流信息系统的概念和作用，以及常见系统（WMS、TMS）的用途和模块；然后重点介绍了物流信息系统开发实施的流程，每个步骤的具体操作方法，信息系统如何成功实施的关键因素；最后，介绍了物流信息系统采购的方法，以及系统采购合同注意的事项。

8.5 思考题

1. 请说明企业在什么情况下，需要进行物流信息系统的上线？
2. 如果物流信息系统上线失败，你认为可能的原因会有哪些？
3. 如果让你挑选物流信息系统的供应商，你会如何进行操作？

单元1 物流企业管理概述

单元2 物流服务类型

单元3 物流项目开发

单元4 物流网络选址

单元5 车辆管理

单元6 物流服务管理

单元7 物流企业财务管理

单元8 物流信息化

单元9 物流标准与法律法规

单元9　物流标准与法律法规

学习目标

1. 掌握物流标准化的定义；
2. 掌握物流标准的分类；
3. 掌握物流标准化的特点和好处；
4. 掌握提高物流标准化的措施；
5. 了解我国物流法规当前的整体状况；
6. 掌握物流法规的分类；
7. 了解常见物流法规的应用范围。

9.1 物流标准化

9.1.1 物流标准化概述

物流标准化是指以物流系统为对象，围绕运输、储存、装卸、包装以及物流信息处理等物流活动制定、发布和实施有关技术和工作方面的标准，并按照技术标准和工作标准的配合性要求，统一整个物流系统的标准的过程。物流标准化是以物流作为一个大系统，制定系统内部设施、机械设备、专用工具等各个分系统的技术标准；制定系统内各个分领域如包装、装卸、运输等方面的工作标准；制定物流运作流程标准、服务质量标准，以系统为出发点，研究各分系统与分领域中技术标准与工作标准的配合性，统一整个物流系统的标准；研究物流系统与相关其他系统的配合性，进一步谋求物流大系统的标准统一。

中国加入WTO以来，国民经济与对外贸易的发展为中国物流标准化的发展奠定了良好的基础。尤其是最近几年，国内的专业化物流公司和商业企业配送中心规模不断扩大，一些大型制造企业也逐渐接受了与第三方物流企业在物流配送方面的合作。随着物流产业的发育，我国物流标准化工作取得了一系列的成绩。具体表现在以下几个方面：

（1）制定了一系列物流或与物流相关的标准

据粗略统计，在我国现已制定颁布的物流或与物流相关的标准已有近千个。在包装标准方面，我国已全面制定了包装术语、包装尺寸、包装标志、运输包装件基本试验、包装技术、包装材料、包装材料试验方法、包装容器、包装容器试验方法、产品包装、运输、储存与标志等标准；在物流机械与设施方面，我国制定了起重机械、输送机械、仓储设备、装卸机械、自动化物流装置以及托盘、集装箱等方面的标准。

从系统性的角度来看，已不仅仅是单纯制定技术标准，有关物流行业的通用标准、工作标准和管理标准也已开始制定。从标准层次性的角度看，制定的与物流有关的标准不仅有企业标准和地方、行业标准，还有不少国家标准，其中有一部分标准还采用了国际标准或国外先进标准；从部门的角度来看，中国与物流关系比较密切的一些部门，如铁道部、交通部、机械工业部、冶金部、国内贸易部等均制定了一系列与物流有关的标准，特别是制定了许多作为国家标准系列中比较欠缺的作业标准和管理标准。

（2）建立了与物流有关的标准化组织、机构

中国已经建立了一套以国家技术监督局为首的全国性的标准化研究管理机构体系，而这中间有许多机构和组织从事着与物流有关的标准化工作。

（3）积极参与国际物流标准化活动

中国参加了国际标准化组织 ISO 和国际电工委员会 IEC 与物流有关的各技术委员会与技术处，并明确了各自的技术归口单位。此外，还参加了国际铁路联盟 UIS 和社会主义国家铁路合作组织 OSJD 等两大国际铁路的权威机构。

（4）积极采用国际物流标准

在包装、标志、运输、储存方面的近百个国家标准中，已采用国际标准的约占 30%；公路水路运输方面的国标中，已采用国际标准的约占 5%；在铁路方面的国标中，已采用国际标准的约占 20%；在车辆方面的国标中，已采用国际标准的约占 30%。此外，在商品条码、企事业单位和社团代码、物流作业标志等方面也相应采用了一些国际标准。

（5）积极开展物流标准化的研究工作

在加入 WTO 的今天，中国物流国际化是必然趋势，如何实现我国物流系统与国际物流大系统顺利接轨，关键在于物流标准化。现在，物流标准化工作越来越受到国家的重视，全国不少相关科研院所、高等院校的科研机构，都投入到了这项研究工作当中。

9.1.2 物流标准的种类

为了方便企业查询和购买相关物流标准，中国标准出版社汇编收集了我国已经颁布的物流国家标准和行业标准，并按其内容分为物流基础、管理与服务，物流信息分类编码，物流信息采集，物流信息交换和物流技术 5 大部分：

（1）物流基础、管理与服务标准

该部分标准共分为物流基础标准、物流管理标准和物流服务标准三部分，物流基础标准主要介绍了各种物流术语的定义以及物流企业、物流园区、物流中心的分类、要求等，

另外，也对物流成本构成和计算以及定量预测等作了相应的规定；物流管理标准的内容主要是集装箱港口各种设备的安全规程、物流公共信息平台、系统的开发指南以及一般仓储的安全管理要求；物流服务标准主要对仓储服务质量、第三方物流、第三方电子商务、以及乘用车和商务车的服务等制定规范。

（2）物流信息分类编码标准

该部分标准包括国内物流信息编码与分类相关标准以及国际物流信息编码与分类标准。

（3）物流信息采集标准

该标准主要介绍了各种条码，以及其编码和条码表示的方式。

（4）物流信息交换标准

物流信息交换标准分为电子数据交换及贸易单证、电子商务、报文三部分。

（5）物流技术标准

物流技术标准包括包装、集装单元化器具、搬运与仓储三部分。其中，搬运与仓储部分包括搬运设备标准和仓储标准。

9.1.3 物流标准化的特点

物流标准化对物流业的发展具有划时代的意义，物流标准化的主要特点包括以下几方面：

①和一般标准化系统不同，物流系统的标准化涉及面更为广泛，其对象也不像一般标准化系统那样单一，而是包括了机电、建筑、工具、工作方法等许多种类。虽然处于一个大系统中，但缺乏共性，从而造成标准种类繁多，标准内容复杂，也给标准的统一性及配合性带来很大困难。

②物流标准化系统是属于二次系统，这是由于物流及物流管理思想诞生较晚，组成物流大系统的各个分系统，过去在没有归入物流系统之前，早已分别实现了本系统的标准化。并且经多年的应用，不断发展和巩固，已很难改变。在推行物流标准化时，必须以此为依据，个别情况固然可将有关旧标准化体系推翻，按物流系统所提出的要求重建新的标准化体系，但通常还是在各个分系统标准化基础上建立物流标准化系统。这就必然从适应及协调角度建立新的物流标准化系统，而不可能全部创新。

③物流标准化更要求体现科学性、民主性和经济性。科学性、民主性和经济性，是标准的“三性”，由于物流标准化的特殊性，必须非常突出地体现这三性。科学性的要求，是要体现现代科技成果，以科学试验为基础，在物流中，则还要求与物流的现代化（包括现代技术及管理）相适应，要求能将现代科技成果联结成物流大系统。否则，虽然各种具体的硬技术标准化水平要求很高，十分先进，但不能与系统协调，单项技术再高也是空的，甚至还起反作用。所以，这种科学性不但反映本身的科学技术水平，还表现在协调与适应的能力方面，使综合的科技水平最优。

民主性指标准的制定采用协商一致的办法，考虑各种现实条件，广泛听取意见，不能过分偏重某一个国家，使标准更具权威、减少阻力，易于贯彻执行。物流标准化由于涉及面广，要想达到协调和适应，民主决定问题，不过份偏向某个方面意见，使各分系统都能采纳接受，就更具有重要性。

经济性是物流标准化主要目的之一，也是标准化生命力的决定因素，物流过程不像深加工那样引起产品的大幅度增值，即使通过流通加工等方式，增值也是有限的。所以，物流费用的多寡将影响效益的大小。如不注重物流标准的经济性，片面强调现代科学水平，片面顺从物流习惯及现状，引起物流成本的增加，自然会使标准失去生命力。

④物流标准化具有国际性。由于经济全球化的发展，国际贸易大幅度增加，而所有的国际贸易又必须要靠国际物流来完成。只有各个国家重视本国物流与国际物流的衔接，促使本国物流管理发展初期就力求本国物流标准与国际物流标准化体系一致，才会降低国际交往的技术难度，更重要的是在本来就很高的关税及运费基础上降低因标准化系统不统一所造成的效益损失，降低外贸成本。因此，物流标准化的国际性也是其不同于一般产品标准的重要特点。国际运输日趋集装箱化便是一个很好的解决方法，也被世界各国所认同，如图 9 - 1 便是日照港的集装箱码头按物流标准高效运作的示意图。

⑤贯彻安全与保险的原则。物流安全问题也是近年来非常突出的问题，往往是一个安全事故会将一个公司损失殆尽，几十万吨的超级油轮、货轮遭受灭顶损失的事例也并不乏见。当然，除了经济方面的损失外，人身伤害也是物流中经常出现的，如交通事故的伤害，物品对人的碰、撞伤害，危险品的爆炸、腐蚀、毒害的伤害等。所以，物流标准化的另一个特点是在物流标准中对物流安全性、可靠性的规定和为安全性、可靠性统一技术标准、工作标准。

图 9－1　日照港集装箱码头按物流标准高效运作示意

9.1.4　实施物流标准化的好处

物流业是一个综合性的行业，它涉及运输、包装、仓储、装卸搬运、流通加工、配送和信息等各个方面，而广义的物流更是涉及物流上下游企业间的贯通连接。我国的现代物流业是在传统行业的基础上发展起来的。由于传统的物流被人为地割裂为很多阶段，而各个阶段之间的衔接和协调性差，信息不能共享，造成物流效率较低，这在很多小型医药物流企业表现得尤为明显。

企业实现物流标准化带来的好处主要有：

（1）物流标准化是物流系统设计的前提

物流标准化是物流系统同一性、一致性的保证，是几个环节有机联系的必要前提。例如，集装箱标准化可以实现不同运输方式之间的无缝连接，对于发展广泛的水陆联运，提高物流作业效率都有着重要意义。

（2）物流标准化对物流成本和效益有重大决定作用

实现物流标准化后，贯通了全系统，可以实现“一贯到户”式物流，其效益由速度加快，中间装卸、搬运、暂存费用降低，中间损失降低而获得。从而物流成本大大降低，效益显著提高。

（3）物流标准化可以加快物流管理发展进程

物流标准化可以加快物流系统建设，是迅速推行物流管理的捷径。建立物流系统的涉及面广，难度非常大，推行物流标准化可以少走很多弯路，加快推行物流管理的进程。

（4）物流标准化为物流系统与外系统的衔接创造了条件

物流系统不是孤立的，为了使物流外系统与物流系统更好衔接，通过物流标准化简化和统一衔接点是非常重要的。

9.1.5 提高物流标准化的措施

（1）政府应以优惠政策鼓励企业参与物流标准化建设

政府部门是国家标准的组织制定者和推广者，在国家标准的制定中扮演着重要角色。而企业是标准的最终执行者，物流标准的推广必须有企业的配合。企业是务实的，利益是它们平衡取舍的关键。政府可以在推广标准化方面予以政策支持和制约。

（2）行业协会应发挥引导协调作用

行业协会应鼓励催促行业中各企业参照国际先进物流标准，努力打破条块分割和地方保护主义，统筹规划，整合物流资源，从整个经贸发展的需要来规划物流产业的网络布局，加大行业协会的发展与引导作用，同时通过行业协会中间联络作用，使行业内各个企业在物资流通活动中得到统一与协调。

（3）积极借鉴、采用国外先进物流标准，注重与国际物流标准接轨

在物流标准化工作中，不仅要立足国内实际情况，同时还要着眼于国际，加强物流标准化与国际物流标准化的接轨。由于我国物流标准化起步较晚，在建立物流标准化体系时，要充分借鉴我国和发达国家的成熟经验和先进技术，积极采用国内和国外先进标准和标准化方法。这是保证物流标准体系科学合理、少走弯路的有效方法。

（4）尽快出台基础性实用标准，逐步推出新标准

物流标准化是一个水到渠成的自然过程，在短期内推广完善物流标准化体系不切实际。由于一些基本概念的模糊和基础资料的匮乏，严重影响了我国物流业的发展，所以应尽快出台基础性实用标准，进而在考虑物流各环节协调的基础上，对现行的各种国家已颁布的与物流活动有关的标准进行深入的研究与比较分析，全面整理，淘汰影响物流业整体发展的旧标准，尽可能地以国际标准为基本参照系逐步推出新标准，同时保持各种相关标准的协调一致，逐步完善物流标准化体系。

（5）重视物流标准化人才的培养

目前，我国物流标准化人才奇缺，这将直接影响企业物流的发展。为此，就要积极培

养现代物流人才，包括多种方式的培训，比如从企业现有人员中选择部分有学历、高素质的管理人员到有关大专院校深造，也可以引进国外物流人才。同时，还要尽快建立起人才激励机制，培养造就一大批熟悉物流业务、具有跨学科综合能力的物流管理人才和专业技术人才，这样才能更好的发展仓储中心的物流标准化。

9.2 物流法律法规

9.2.1 物流法律法规概述

（1）我国物流法律法规的特点

物流法律法规具有广泛性、多样性和复杂性的特点。这主要是因为物流活动的范围较大、内容广泛、参与者众多。

首先，物流活动的范围很大。物流活动可以在一个很小的区域内进行，也可以在全球进行，即国际物流。而随着世界经济一体化的发展，这种趋势也越来越明显。这对于物流活动来说，就更加具有挑战性。其次，物流活动的内容广泛，物流活动包括运输、仓储、装卸、包装、装卸搬运、流通加工、信息处理等环节，是一项综合的活动。因此，这些活动所涉及的法律法规的内容就会很多，体系也会非常的庞大。而在具体的物流活动时，就需要针对具体的情况来进行具体处理。再次，物流活动的参与者众多，涉及不同的行业、不同的部门和不同的人员，这些参与者往往要受到不同的行业和惯例的制约。这种情况之下，使得物流的法律法规就更加的复杂化和多样化。

正是由于物流活动具有上面的特点，使物流法律法规也有多种的表现形式，如国际惯例、国家法律、部门规章和行业准则等。如此众多的法律法规和准则，难免在使用时会出现不一致的情况，有的法律相互交叉，有的法律又相互独立。也正因为这样，针对物流制定单独的法律或者规章的难度很大。到目前为止，关于我国的物流立法，没有形成专门、系统的物流法律法规。即使在物流业发展比较早、发展程度高于我国的一些其他国家，也没有一部类似的法律，来包含物流活动所涉及的各个方面。因此，要想了解物流法律法规，就需要对物流活动各个方面的法律法规进行了解。

（2）我国物流法律法规的框架和内容

因为物流法律法规的广泛性、多样性和复杂性，在了解物流法律法规时就要先对其框架进行认识和分类。

从总体来说，我国物流法律法规可以分为两个方面，即国内法规和国际法规，国内法规和国际法规又可分为全国人大通过的法律、国务院通过的法律等，如图 9－2 所示。

国内法规是我国国内以各种文件下发的法律文件、法规、标准等。包括全国人大通过的法律、国务院发布的法令，各个行业主管部门发布的部门规章、国家质量技术监督管理部门制定和发布的国家标准。前三个多为强制性的法律文件，而国家标准本身虽不具有强制性，但由于法律赋予的强制力，所以也具有法规的性质。

国际法规一般是由国际组织统一制定或者在国际活动中形成的。包括由国际组织制定的国际公约、长期国际实践形成的国际惯例、国际组织制定的国际标准等。国际法规方面大多不具有强制性，约束力也不如国内法规，大多属于非强制法规，各个国家自愿自觉受其约束。

- 物流法律法规
  - 国内法规
    - 全国人大通过的法律
    - 国务院通过的法令
    - 行业主管部门通过的部门规章
    - 国家标准
  - 国际法规
    - 国际公约
    - 国际惯例
    - 国际标准

图 9－2　物流法律法规体系

物流法律法规的框架所包含内容涵盖了物流活动的各个方面，若从物流活动的各个子系统来看，物流法律法规的内容可以分为以下 4 个主要类型：

①仓储内部作业相关物流法规：主要包括流通加工、包装、仓储保管、保税仓库等涉及的相关法规。具体法规有：仓储租赁涉及的《合同法》对租赁合同的规范、流通加工涉及的《合同法》中关于承揽合同的规范、包装环节涉及的《危险和化学品包装物、容器定点生产管理办法》、《药品包装、标签规范细则（暂行）》、《药品包装管理办法》、《公路、水路危险货物包装基本要求和性能试验》、《林木种子包装和标签管理办法》、《铁路

运输出口危险货物包装容器检验管理办法（试行）》等。

②装卸搬运相关物流法规：主要包括在港站、货场等物流节点的装卸搬运作业所涉及的法规。具体法规有：我国《合同法》、《航空法》、《铁路法》、《海商法》、《国内水路货物运输规则》、《铁路货物运输管理规则》、《汽车货物运输规则》等。

③运输交接作业相关物流法规：主要包括在水运、陆运、空运及多式联运等不同模式下运输货物交接所涉及的法律。具体法规有：我国《合同法》、《公路法》、《铁路法》、《航空法》、《海商法》等基本法律都对运输合同、各种运输责任及赔偿等作出规定。另外，我国也颁布了不少单行法规或行政规章，如《汽车货物运输规则》、《铁路货物运输管理规则》、《国内水路货物运输规则》、《国际海运条例》、《民用航空货物国内运输规则》、《民用航空货物国际运输规则》、《水路危险货物运输规则》等，对各种运输行为来加以调整。

④与口岸相关的法律法规：主要包括在口岸的管理及通关方面涉及的制度规范。具体法规有：《中华人民共和国海关法》、《中华人民共和国国境卫生检疫法》、《中华人民共和国食品卫生法》、《中华人民共和国进出境动植物检疫法》、《中华人民共和国进出口商品检验法》等。与口岸有关的国际公约有很多，例如，《国际卫生条例》、《国际公路车辆运输规定》、《协商商品名称和编码制度的国际公约》、《集装箱关务公约》等。

以上框架和内容是我国目前关于物流活动的一些法律法规，虽然还不是太健全，但随着我国物流业的进一步发展，关于物流方面的法律法规将会更加全面、规范与完善。

9.2.2 仓储内部作业相关物流法规

（1）流通加工相关法律

与流通加工相关的法规有《合同法》，主要针对签署承揽加工业务的合同行为进行约束，《合同法》对于承揽人应亲自完成主要工作并承担风险作了明确规定，同时对于加工材料的使用、合同双方在工作中的配合以及违约责任等都做了明确规范。

（2）包装相关法律

我国至今尚未制定专门的包装法，因此，除了有关法规与公约的内容中涉及对包装的要求和合同当事人对包装义务的承担外，主要就是执行包装标准的问题，重要的包装规范有 GB—9174《一般货物运输包装通用技术条件》、GB—12463《危险货物运输包装通用技术条件》、GB/T 16471《运输包装件尺寸界线》、GB 190《危险货物包装标志》、GB 191《包装储运图标标志》、GB 4857《运输包装件基本试验》等，这些标准都是强制性的，可作为技术法规适用。这些法规主要对包装所用的材料、包装牢固程度、封口方法、包装标志、包装底面尺寸、包装容器选择、特殊防护要求、包装尺寸、颜色、容量等各类细节进行了规范。

（3）仓储与保管相关法律

仓储与保管主要涉及《合同法》的相关要求，需要注意的是仓储合同与保管合同是有区别的，其中，保管合同可以是有偿的也可以是无偿的；但是仓储合同是双方有偿合同，同时仓储合同的主体也具有一些特殊性。仓储合同主要对以下方面作了规范，包括特殊货物的告知与处理、货物的入库验收、仓单的使用、货物的检查和取样、通知和催告、货物的提取、保管人的责任等。

（4）保税仓储相关法律

保税货物是指经过海关批准未办理纳税手续入境，在境内储存、加工、装配和再运出境的货品，因此保税仓储适用的法规有其特殊性。我国的《海关法》和《海关对保税仓库及所存货物的管理办法》的规定，对保税货物的仓储有许多具体的要求。其中就包括了设立保税仓库的条件、申请保税仓库的程序、保税仓库所存货物的进出口申报、海关对保税仓库货物的监管等。

案例 1

某蔬菜仓储合同纠纷

起因：原、被告 2005 年 5 月 28 日签订一份协议书，约定由被告为原告储藏胡萝卜 800 袋，储藏时间为 2005 年 6 月 10 日至 2008 年 10 月 10 日。协议签订后，原告依约履行了协议的约定，可是到 9 月中旬，被告突然告知原告，所储藏的胡萝卜已经全部坏掉，经原告查看后，所存放冷库的胡萝卜确已全部变质，给原告造成了巨大经济损失。后因赔偿事宜，双方未能达成一致意见。故诉至法院，请求依法判令被告赔偿损失 7000 元。

评判：被告过错，无须承担赔偿责任。

评判原因：本案例中原、被告之间系仓储合同关系是成立的，依据《合同法》的规定，保存期间，因保管人保管不善造成仓储物毁损或者灭失的，保管人应当承担损害赔偿责任。因仓储物的本身性质，包装不符合约定或者超过有效储存期造成仓储物变质或者损坏的，保管人不需要承担损害赔偿责任。由于原告明知胡萝卜容易变质，却没有按时检查，致使胡萝卜变质，且原告也承认胡萝卜变质与自身包装不良有一定原因。而被告作为保管人，已尽到了善良管理人的注意义务，依照《中华人民共和国民事诉讼法》第六十四条第一款、《中华人民共和国合同法》第三百九十四条的规定，不应对原告胡萝卜损失承担民事赔偿责任。

9.2.3 装卸搬运相关物流法规

（1）港站经营人相关法规

根据《国际贸易运输港站经营人赔偿责任公约》，港站经营人是指在其业务过程中，在其控制下的某一区域内或在其有权出入或使用的某一区域内，负责接管国际运输货物，以便对这些货物从事或安排从事于运输有关服务的人。相关的法律有《联合国国际贸易运输港站经营人赔偿责任公约》，该条约明确规范了港站经营人的责任期间、货损赔偿原则和责任基础、赔偿责任限制和权利丧失、货物的留置权以及货物灭失、损坏、延迟交货与诉讼等。

（2）港口货物作业规则

由于我国尚未出台规范的港口经营人法律，当前使用的是基于《民法通则》和《合同法》的《港口货物作业规则》。该法规的主要内容包括规则的适用范围、港口作业合同的形式及基本内容、作业委托人的义务和权利、港口经营人的义务和权利以及港航货物交接的特别规定。

（3）铁路货场作业相关规范

《中华人民共和国铁路法》对于铁路运输中企业对承运货物的整体进行了规范，同时铁道部还制定了相应的技术管理规程，包括《铁路装卸作业标准》、《铁路货物运输管理规则》、《铁路装卸作业安全技术管理规则》、《集装箱在铁路上的装卸和栓固》、《铁路车站集装箱货运作业标准》等，其中《铁路装卸作业标准》对装卸准备作业、装卸作业的实施、整理作业等都有规范。另外《铁路货物运输管理规则》对货场的作业要求、装车作业方法、卸车作业方法有明确的规定。

（4）公路货场作业相关法规

在公路运输的货站进行搬运和装卸时，应按照《汽车货物运输规则》中对站场作业的要求进行。该法规主要对装卸搬运的工具、责任人、车辆清洁工作、装卸方法、堆货方法等进行了规范。同时《汽车危险货物运输、装卸作业规范》对于危险品的相关作业也有明确规范。

案例 2

某蔬菜仓储合同纠纷

起因：某贸易公司委托铁路运输公司运输一批货物，共计 1 个车皮，从南方某省到华北某省，后由于火车编组的原因，该车皮的货物在铁路分局 A 和铁路分局 B 交接的货运站 C 处脱离了双方的监管，最后导致附近的村民哄抢货物，导致了约 10 万元的经济损失。贸易公司要求铁路分局 A 和铁路分局 B 对该车货物进行赔偿。

评判：判定铁路分局 A 没有过错，铁路分局 B 有过错承担贸易公司的所有损失。

评判原因：本案原、被告间的直通货物运输合法有效，所以铁路分局 A 和 B 需要承担货主即贸易公司的损失，关键在于两个铁路分局之间的责任如何切分。经过详细调查取证，发现被告铁路分局 A 的管理处依据《直通货物运输办法》对该批货物进行了交换、换票，管理处在交接货票上签章认可，对货物装载状况未提出异议。铁路分局 A 已履行了应尽的合同义务，对货物短少不负违约责任。被告铁路分局 B 管理处接收货物换票运输后，未按运输规章的规定将货物及时运送到站，在错误地将货物挂至他站后又未及时处理，导致货物丢失。根据《中华人民共和国铁路法》第十六条第一款、第十七条第一款第二项的规定，判决铁路分局 B 赔偿贸易公司的全部货物经济损失。

9.2.4 运输交接作业相关物流法规

（1）水运相关法律法规

我国在 1993 年出台了《中华人民共和国海商法》，用于规范国际海上运输活动中各当事人的关系，除此以外，国家上通用的海运国际公约有《海牙规则》、《维斯比规则》和《汉堡规则》等。在内河运输部分，国家于1995年出台了《水路货物运输规则》，并且于2001年进行了修订。

《中华人民共和国海商法》主要涉及的内容包括航运管理、海上运输、海事、海上保险、海事纠纷解决等问题，其核心内容在于海上货物运输合同和租船合同的规范。《水路货物运输规则》主要规范了水路货物运输合同的定义、形式与内容，明确了托运人和承运人的责任和义务，并对运输单证和货物的接收与交付进行了规范。《海牙规则》等国际公约是世界上大多数国家，尤其是主要的航运国家都遵守的法则，其中主要的一些规则已经融入到了《中华人民共和国海商法》中，由于这些国际公约规则复杂且已有专门书籍进行介绍，在此不再赘述。

（2）陆运相关的法律法规

由于陆运可分铁路和公路两种模式，其适应的法规也不同。在公路运输方面，适用的法规有《汽车货物运输规则》、《汽车危险货物运输规则》和《集装箱汽车运输规则》等；铁路运输方面适用的法规有《中华人民共和国铁路法》、《铁路货运运输管理规则》等，另外我国还加入了《国际铁路货物联运协议》。《汽车货物运输规则》主要对运输货物的种类、运输合同的条款和签订、承运人和托运人的责任和义务、运输流程的控管、违约责任等做了明确的规范。

在铁路运输方面，《中华人民共和国铁路法》对承运人和托运人的责任和义务作了明确的规定，其中尤其对货物逾期不领取的相应处理方法做了详细描述。《国际铁路货物联运协议》对于参加到国家铁路货运的各类实体的权责做了规范，具体包括货物运送组织、运送条件、运送费用计算、合同变更、诉讼时效等。

（3）空运相关的法律法规

航空运输部分国内适用的法律法规有《中华人民共和国航空法》、《中国民用航空货物国际运输规则》。国际上通用的法律法规有《华沙公约》、《海牙议定书》、《瓜达拉哈拉公约》等。

《中华人民共和国航空法》的条款同时适用国际和国内的航空运输，其中明确规范了空运单的性质及其与运输合同的关系、空运单的内容规则、承运人和托运人的责任和义务以及索赔和诉讼的内容。《中国民用航空货物国际运输规则》则详细规范了货物托运、货物收运、货物交付、运价、收费以及不同货物种类运输方式等的明细操作规则。在国际航空运输公约中，《华沙公约》是基本条约；而《海牙议定书》是对其的补充和修订，《海牙议定书》对公约的适用范围、航空单的签发和内容制定、承运人托运人的责任和义务以及索赔和诉讼时效等都进行了与时俱进的完善。

（4）多式联运适用法律法规

我国多式联运适用的法律法规主要有《中华人民共和国海商法》和《国际集装箱多式联运管理规则》。国际上的相关法律法规有《联合国国际货物多式联运公约》、《联运单证统一规则》等。

《中华人民共和国海商法》中对多式联运的规定，只适合通过两种以上的运输方式且其中的一种为海上运输方式的情况，主要用于规范多式联运经营人的责任和义务，确定各不同运输区段的责任人。《国际集装箱多式联运管理规则》对于以集装箱为运输单位的多式联运进行规范，主要针对多式联运的单据的等级、转让、证据效力和相关托运人的责任作了界定，同时也包括诉讼和索赔方面的要求。《联合国国际货物多式联运公约》和《联运单证统一规则》分别从责任义务层面和实际单据操作层面规范了国际多式联运。

案例3

某货轮货损事故

起因：某广州贸易公司A与东北贸易公司B签订了采购大豆的合同，商定由公司B向公司A供应3000吨大豆，每吨2000元。之后公司A又与某船务公司甲签订了承运合同由甲负责大豆从东北某港口运输到广州港，实际承运的船公司为乙公司，而乙又将货船（包括船员）租借给了船务公司丙来作业。货轮在东北港口装上大豆后，又在山东某港口装上了鱼粉，货船到广州后发现部分大豆发生与鱼粉混合、发霉等情况后。A公司起诉甲、乙、丙三家公司，要求进行货损赔偿。

评判：由船务公司甲、乙、丙共同赔偿贸易公司A货损费用300万元，由三者平摊。

评判原因：本案例中贸易公司A与船务公司甲签订了运输合同，船务公司甲作为合同承运人，有义务按约将贸易公司 A 托运的货物安全运往目的港，但其未尽承运人应尽的义务，无法控制实际承运船舶，以致货轮“长兴海轮”违反有关规定，将鱼粉和黄豆混载，导致贸易公司 A 的黄豆严重受损，船务公司甲应对货物损失负赔偿责任。

由于船务公司乙作为货物的实际承运人，虽然将货船出租给了船务公司丙，但由于船员配置仍由船务公司乙提供，本应了解货物配载的特性需求，却一味听从货主的要求，导致了货物损失，也应进行相应赔偿。

而船务公司丙期租船务公司乙的轮船从事国内沿海运输，严重违反《中华人民共和国水路运输管理条例》第 7 条之规定，其签订的“租船合同”无效，但并不能免除其在经营过程中过失行为的法律责任，故也应赔偿一定的损失。

9.2.5 口岸法规

（1）口岸相关的国内法律法规

我国与口岸相关的法律法规主要有《中华人民共和国海关法》、《中华人民共和国国境卫生检疫法》、《中华人民共和国食品卫生法》、《中华人民共和国进出境动植物检疫法》等。

《海关法》主要用于对进出口和征收关税、查缉走私、编制海关统计和办理其他海关业务等进行规范；《中华人民共和国国境卫生检疫法》是通过实施国境卫生检疫，来防止传染病由国外传入或者由国内传出而制定的相应规范；《中华人民共和国食品卫生法》是为保证食品卫生，防止食品污染和有害因素对人体的危害而制定的规范；《中华人民共和国进出境动植物检疫法》是为防止动物传染病、寄生虫病和植物危险性病、虫、杂草以及其他有害生物（以下简称病虫害）传入、传出国境，保护农、林、牧、渔业生产和人体健康而制定的法律；《中华人民共和国进出口商品检验法》是为了加强进出口商品检验工作，规范进出口商品检验行为而制定的法律。以上这些法律互有关联，实际操作中一般联合起来应用到海关的进出口通关业务操作中去。

（2）口岸相关的国际条约公约

与口岸有关的国际公约有很多，其参约国和使用范围各有不同，其中主要的有《关于设立海关合作理事会的公约》、《货物暂准进口报关手册的海关公约》、《协商商品名称和编码制度的国际公约》等。另外还有货物国际转运、集装箱关务、防止海关犯罪等相关条约。

《关于设立海关合作理事会的公约》主要用于确定海关业务技术相关的规范，由于该条约的需要，成立了海关合作理事会，后更名为世界海关组织。《货物暂准进口报关手册的海关公约》又称《ATA 公约》，其宗旨在于对暂时免费进口货物实行共同制度，为国际贸易及文化活动提供便利，并使缔约各方的海关制度得到高度的协调一致。《协商商品名称和编码制度的国际公约》则旨在建立一套新的既可满足海关税则统计需要，又能为国际运输及货品生产商提供标准的商品分类制度。

案例 4

某公司进口货物申报不实行为

起因：某进出口有限公司 A 以一般贸易方式向海关申报进口机床设备一批，所报货物不属于国家许可证件管理商品，价值人民币 50 万元。海关经查验发现，A 公司实际进口货物为某型号多功能机床仪器设备，实际进口货物与申报商品虽然税率相同，但前者属于自动进口许可管理商品。因 A 公司进口申报行为涉嫌违法，海关于是对此立案调查。在此情况下，海关会如何处理呢？处理的依据又是什么呢？

评判：海关对该公司处罚款人民币 5 万元，同时决定不予放行涉案货物。

评判原因：海关经调查认定，A 公司实际进口货物与申报不符是由业务人员工作疏忽所致，并无逃避海关监管的主观故意，但该公司涉案行为构成影响国家许可证件管理的申报不实行为，违反海关监管规定，应承担相应法律责任。海关对天盛公司作出行政处罚决定，根据《海关行政处罚实施条例》第十五条第（三）项的规定，对该公司处罚款人民币 5 万元；同时，因 A 公司进口国家自动进口许可管理货物，但申报时不能提交自动进口许可证明，海关根据《处罚条例》第十四条的规定，决定不予放行涉案货物。

9.3 小结

在本单元中，首先介绍了物流标准的定义，物流标准的分类，重点介绍了物流标准化的特点及实施物流标准化的好处，提高物流标准化的措施；然后介绍了物流法律法规的整体现状，物流法规的分类，之后根据物流法规的不同分类，分别介绍了仓储相关的物流法规、装卸搬运的物流法规、运输交接相关的法规和口岸业务相关的法规，对于每一类的物流法规均设置有案例阅读，通过案例加深对法规的理解。但是由于物流法规涉及面太广，如需全面了解各项法规还需对这些法律的全文进行研读。

9.4 思考题

1. 物流标准的定义是什么？

2. 物流标准化的特点。

3. 物流标准化的分类有哪些？

4. 提高物流标准化的措施有哪些？

5. 在我国物流法规普遍缺失的情况下，如何在纠纷中使用物流法规来保障自己的权益？

6. 物流作业中，常见的利益主体有哪些，这些利益主体的基本责任和权利有哪些？

参考文献

［1］蓝仁昌．物流技术与实务［M］．北京：高等教育出版社，2005.

［2］张智文．射频识别技术理论与实践［M］．北京：中国科学技术出版社，2008.

［3］张艰伟．国际货运代理员［M］．北京：中国劳动社会保障出版社，2006.

［4］张树山．物流企业管理学［M］．北京：中国铁道出版社，2007.

［5］兰洪杰．物流企业运营管理［M］．北京：首都经济贸易大学出版社，2009.

［6］钟生贵．物流企业经营管理基础［M］．北京：中国铁道出版社，2010.

［7］赵家俊，王淑华．物流企业管理［M］．上海：科学出版社，2009.

［8］孙家庆，刘翠莲．港口物流理论与实务［M］．北京：中国物资出版社，2010.

［9］苏朝晖．客户关系管理——客户关系的建立与维护［M］．北京：清华大学出版社，2010.

［10］赵溪．客户服务导论与呼叫中心实务［M］．北京：清华大学出版社，2010.

［11］张铎．物流标准化教程［M］．北京：清华大学出版社，2011.

［12］中国物品编码中心，中国标准出版社第四编辑室．物流标准汇编 物流技术卷 搬运与仓储分册［M］．北京：中国标准出版社，2010.

［13］中国物品编码中心，中国标准出版社第四编辑室．物流标准汇编 物流基础、管理与服务卷［M］．北京：中国标准出版社，2010.

［14］中国物品编码中心，中国标准出版社第四编辑室．物流标准汇编 物流技术卷 包装分册［M］．北京：中国标准出版社，2010.

[15] 中国物品编码中心，中国标准出版社第四编辑室. 物流标准汇编 物流信息交换卷 报文分册（上）[M]. 北京：中国标准出版社，2010.

[16] 中国物品编码中心，中国标准出版社第四编辑室. 物流标准汇编 物流信息交换卷 报文分册（中）[M]. 北京：中国标准出版社，2010.

[17] 中国物品编码中心，中国标准出版社第四编辑室. 物流标准汇编 物流信息交换卷 报文分册（下）[M]. 北京：中国标准出版社，2010.